PARIS ASSIÉGÉ.

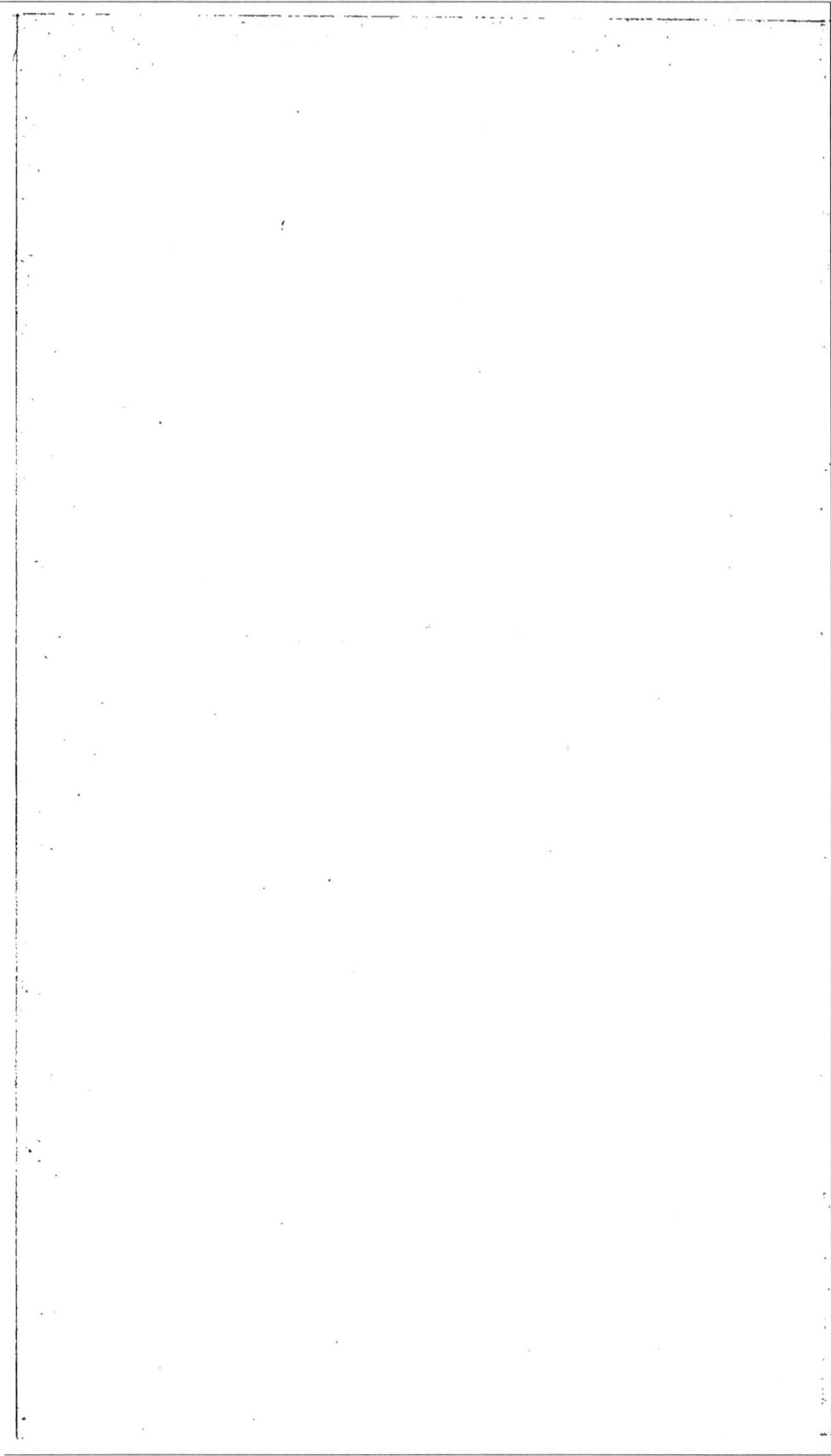

PARIS
ASSIÉGÉ

La Chute de l'Empire. — Le Gouvernement de la Défense.
Les Prussiens. — Ferrières. — Apparition de la Commune.
Capitulation de Metz. — Affaire du Bourget. — Ballons.
Théâtres. — Ambulances.
Bataille de Champigny. — Bombardement.
Rationnement. — La faim !...
Montretout, la Garde Nationale se montre héroïque.
Capitulation.

PAR

HENRI LE VERDIER.

DINAN

DE L'IMPRIMERIE BAZOUGE.

1871.

PARIS ASSIÉGÉ.

LE 4 SEPTEMBRE. — LES PRUSSIENS. — CHATILLON.

I.

L'Empire était tombé. Ceux qui l'ont vu choir à Paris n'oublieront jamais le jour de sa chute. Il y eut un débordement immense de joie publique. Un soleil radieux illuminait le ciel. Les grands marronniers des Tuileries avaient déjà revêtu les teintes de l'automne ; çà et là, les dômes, les flèches , les frontons s'élevaient éclatants dans l'azur pâle et se détachaient de l'océan houleux des toits grisâtres. La foule bruyante et parée s'écoulait par toutes les issues , débordait sur la place de la Concorde par la rue Royale, la rue de Rivoli, les quais, s'engouffrait dans les Champs-Elysées, sur les ponts, dans les contre-allées ; par moments, un long frémissement traversait le torrent humain ; le cri de vive la République planait dans l'air avec un bruit de houle ; les rues, les boulevards, les toits, la Seine où les bateaux-mouches glissaient rapides et nombreux, s'emplissaient du cri magique...

Nous pouvons regretter maintenant que l'Empire soit tombé le 4 septembre. Il est fâcheux que la force lui ait manqué pour achever son œuvre et signer le traité qui livre à la Prusse nos frères d'Alsace. La République n'aurait pas cette tache au front.

Quoi qu'il en soit, le 4 septembre, Paris respira ; la conscience publique était soulagée ; on oublia la honte de Sedan pour s'applaudir d'être enfin délivré des turpitudes impériales.

Le lendemain, Paris connut la composition du nouveau gouvernement qui s'était donné la mission de sauver la France. Il s'était intitulé : *Gouvernement de la Défense Nationale.*

Voici les noms des membres de ce gouvernement provisoire :

Emmanuel Arago ;	Glais-Bizoin ;
Crémieux ;	Pelletan ;
Jules Favre ;	Picard ;
Jules Ferry ;	Rochefort ;
Gambetta ;	Jules Simon ;
Garnier-Pagès ;	Trochu, prés., gouv^r de Paris.

Quant aux différents ministères, ils étaient répartis entre Gambetta, pour l'intérieur ; Jules Favre, pour les affaires étrangères ; Crémieux, la justice ; Ernest Picard, les finances ; Jules Simon, l'instruction publique ; on avait donné la guerre au général Le Flô ; la marine à l'amiral Fourichon ; les travaux publics à Dorian, qui devait acquérir une vaste popularité par la direction intelligente des travaux de défense complémentaires dont il eut la haute surveillance ; Magnin était chargé du commerce et de l'agriculture.

Nous n'avons pas à apprécier ici ces hommes, dont plusieurs ont montré une grande énergie de ressources ; d'autres une étrange pauvreté de moyens dans l'accomplissement de l'œuvre dont ils avaient eu l'audace d'assumer entièrement la responsabilité. Peut-être entrerait-il dans nos jugements un peu de cette passion qu'ont soulevée certains de leurs actes ; laissons au temps le soin d'éteindre les indignations patriotiques, et de mettre bien dans leur vrai jour toutes les faces de personnages qui seront livrés à l'histoire.

II.

Dès son début, le nouveau gouvernement se trouva en présence de deux grandes difficultés : achever les fortifications, compléter les approvisionnements.

L'enceinte était à peine fermée, les ponts-levis n'étaient pas achevés, l'armement des forts était incomplet, les redoutes, commencées sous le ministère du général Palikao, avaient été presque abandonnées des travailleurs. Et pourtant, entre le Mont-Valérien et Saint-Denis, une large brèche laissait le passage de la Seine facile à l'ennemi, tandis qu'au sud, les trois forts de Montrouge, Vanves et Issy étaient absolument dominés par les hauteurs de Châtillon, Meudon et Saint-Cloud. En effet, il suffit de jeter les yeux sur une carte pour s'assurer que le fort Montrouge peut être pris en écharpe par une batterie établie sur les hauteurs de Châtillon ; que de ces mêmes hauteurs, dont l'altitude dépasse 160 mètres, on peut couvrir de feux le fort de Vanves, qui n'en est éloigné que de 200 mètres, et compte à peine 60 mètres d'élévation.

Du reste, un observateur placé à l'endroit où furent établies les batteries prussiennes peut voir dans la cour même de la forteresse.

Quant au fort pantagonal d'Issy, il devait fatalement se trouver dans une situation d'infériorité, le jour où il aurait à supporter les feux concentriques des batteries que l'ennemi établirait sans nul doute soit dans les bois, soit à Bellevue, soit dans le parc de Saint-Cloud, ou sur la terrasse du château de Meudon.

Avec la portée nouvelle des pièces de siége, ces trois forts constituent pour la ville plutôt un danger qu'une défense sérieuse, puisque leur voisinage des hauteurs les met à la merci d'un ennemi maître de ces hauteurs, et que leur proximité du corps de place peut les rendre funestes à la défense, en facilitant l'assaut de l'enceinte, s'ils tombent au pouvoir de l'assiégeant.

Le génie exigeant dix-huit mois de délai pour construire un fort à Châtillon, comme il était probable que les Prussiens lui donneraient à peine le temps nécessaire pour en lever le plan, on résolut de construire une simple redoute en terre. Elle était à peine ébauchée ; on y travaillait mollement.

Le plateau de Châtillon, admirable pour l'attaque de la ville , est médiocre pour la défense. En effet, ce plateau, bordé de deux côtés par de profonds ravins, s'incline brusquement du côté de Paris. Au loin, la grande ville apparaît dans toute son étendue et couvre sept collines d'un immense réseau de rues et de toits sombres. Le soir, quand le brouillard crépusculaire l'enveloppe, que les premières lumières scintillent dans la lointaine pénombre, c'est un majestueux spectacle de voir la cité fantastique drapée dans son manteau de brume.

Mais, du côté du large, comme diraient nos marins , le terrain forme une sorte de passage à niveau entre le plateau et l'extérieur, en sorte que cette position ressemble à un énorme bastion dont les angles regardent Paris, et dont la gorge s'ouvre vers la campagne.

Quant à la fameuse redoute de Montretout, elle était aussi dans un état de non-achèvement qui devait rapidement la faire abandonner par nos troupes ; l'emplacement n'en était peut-être pas très heureux, car les hauteurs de Garches la dominent de près ; du reste, elle était inutile, puisque le feu du Mont-Valérien pouvait en rendre la conservation coûteuse à l'ennemi, et suffisait même à couvrir cette position.

L'un des points faibles de l'enceinte était cette partie dite du Point-du-Jour, qui s'avance au-delà du viaduc d'Auteuil, jusqu'auprès de Boulogne, dont on aperçoit à quelques pas de nos ouvrages l'élégante flèche dorée.

Les bastions du Point-du-Jour, exposés fatalement aux feux concentriques des collines de Saint-Cloud et de Meudon, deviendraient forcément intenables pour l'assiégé, et alors, en supposant le fort d'Issy réduit au silence, le passage de la Seine au pont de Sèvres devenait une opération relativement facile, surtout si elle était conduite avec cette rapidité foudroyante qui était le caractère distinctif de toute attaque prussienne.

Le génie rassembla sur ce point toutes ses ressources, accumula les obstacles, multiplia les pièces de gros calibre et rendit en peu de temps ce point inabordable. De même, les voies multiples qui de l'enceinte aboutissent à l'Arc-de-Triomphe, furent hérissées de barricades et de chausse-trapes; de fortes palissades furent établies le long du chemin couvert, et les abords en furent protégés par des abattis d'arbres et de larges espaces couverts de verre pilé ou hérissé de pointes de fer.

L'intention première de Trochu avait été d'abandonner les hauteurs, et aussi les redoutes ébauchées dont nous avons parlé; l'avis de Ducrot le fit pencher vers une défense qui devait aboutir à la déroute de Châtillon, dont je dirai plus loin quelques mots.

III.

La deuxième grande difficulté qui se présenta au Gouvernement de la Défense fut l'approvisionnement de Paris.

Certes, ce n'était point un médiocre problème à résoudre que celui d'assurer, pour de longs mois, l'alimentation de deux millions et demi d'êtres humains. J'ai dit deux millions et demi, car la population de Paris s'était accrue d'un bon quart de réfugiés et de mobiles.

Ici apparaît l'une des plus lourdes fautes du Gouvernement de la Défense. Il y eut pendant les jours qui précédèrent

l'investissement un long défilé de fuyards des départements
voisins, qui, considérant Paris comme un lieu de refuge,
arrivaient, les uns dans de mauvaises charrettes traînées
par des chevaux étiques, les autres dans leurs voitures
armoriées, avec de splendides chevaux de trait qui ne son-
geaient point alors, les pauvres bêtes, à la fin misérable qui
les attendait. Tous ces véhicules, pauvres ou riches, étaient
surchargés de paquets de linge, de meubles, d'objets précieux. Ils se suivaient sur toutes les routes en interminables
caravanes. Ces réfugiés venaient vivre aux dépens de Paris,
car ils n'apportaient pas de munitions de bouche, et la plupart, en proie aux plus détestables conditions hygiéniques,
devaient éprouver durant le siége toutes les souffrances
morales et physiques. Beaucoup moururent de misère. La
petite vérole en décima un grand nombre. Les autres pui-
sèrent aux sources de nos subsistances, et diminuèrent
d'autant la résistance possible.

Quant aux mobiles et à l'armée active, qui formaient un
ensemble de près de deux cent mille hommes, on ne peut
s'empêcher de croire que leur présence eût été infiniment
plus efficace au dehors. Certes, si Chanzy avait eu ces deux
cent mille hommes, avec les cent cinquante mille qui étaient
sous ses ordres, que n'eût-il pas fait? A Paris, au contraire,
ces braves gens ne servirent qu'à user la résistance en
consommant la part de vivres qui eût suffi pour le même
temps à quatre cent mille Parisiens, hommes, femmes et
enfants.

En effet, qu'était-il besoin de ces six cent mille hommes
armés, dans une ville dont la défense devait être purement
passive? Car le gouverneur de Paris a laissé durant cinq
mois s'immobiliser ces six cent mille énergies ; il a conduit
le siége de Paris comme eût pu faire le gouverneur d'une
petite place défendue par une garnison insuffisante, qui
n'oserait faire de sorties, dans la crainte de diminuer son
effectif ?

Certes, pour ce genre de défense, la garde nationale était suffisante, avec quelques milliers de marins pour servir les pièces. Ce qui se passe maintenant autour de Paris est la démonstration la plus claire de ce que j'avance.

Si maintenant cent mille gardes nationaux insurgés, qui ont à contenir une population hostile et n'occupent que les forts détachés du Sud, c'est-à-dire les moins favorables à la défense, peuvent tenir en échec, depuis plus d'un mois, une armée qui atteint, dit-on, le chiffre de 150,000 hommes, et qui est la fleur de l'armée française, que n'eussent pas fait 350,000 de ces mêmes Parisiens, enflammés du désir de sauver la France, soutenus par le souffle de la grande cité, par le désir naturel de préserver leurs foyers des hontes et des ruines d'une invasion, alors que ces hommes eussent été maîtres de l'immense périmètre des forts et des redoutes.

Ah ! ceux qui ont assisté à la grande revue du 23 septembre, ceux qui ont vu la place de la Bastille, l'immense place du Château-d'Eau, celle de la Concorde, et cette longueur énorme de boulevards qui les relient s'emplir de torrents de baïonnettes, ceux qui virent ce jour-là les quais, les ponts se couvrir de bataillons, et cette masse irrésistible, à l'étroit dans ce vaste espace, refluer par les Champs-Elysées jusqu'à la porte Maillot, ceux surtout qui ont su lire l'expression des visages, écouter les clameurs patriotiques traverser l'atmosphère toute poudreuse de la poussière des colonnes en marche, ceux-là peuvent dire si l'on pouvait résister avec de tels hommes !

Mais les gens du métier n'osèrent confier la défense d'une capitale à des bourgeois et à des épiciers ; ils entassèrent une armée considérable dans une place qui devait être investie ; ils renouvelèrent ainsi la faute de Bazaine à Metz. Ces deux fautes, hélas ! devaient amener le même fatal résultat !

Il semblerait, en vérité, que, dans cette campagne, nos généraux ont été aveuglés par un mauvais génie ; on les a toujours vu opposer en rase campagne des corps isolés ou trop faibles aux masses ennemies , et faire tomber les places les plus fortes au pouvoir des assiégeants, par l'accumulation d'armées trop nombreuses dans ces mêmes places.

Ce manque de confiance des généraux dans la résistance possible de Paris se trahissait ouvertement. Un ami de Francisque Sarcey, interrogeant un jour le général Trochu sur la probabilité de la résistance :

— Monsieur, lui dit le général en lui prenant le bras avec force, les Prussiens entreront dans Paris quand et comme ils voudront ; comptez là-dessus, il n'y a pas un seul officier un peu instruit qui ne le sache.

Le général Totleben, le défenseur de Sébastopol, avait dit que Paris pourrait à peine résister quarante-huit heures.

D'autre part , au commencement du siége , on ne voulut pas rationner le pain ; il en résulta que l'approvisionnement de blé fut gaspillé ; on nourrit dès le début les chevaux de ce même froment qui, dans les derniers mois, devait être si parcimonieusement distribué aux êtres humains.

Heureusement, les approvisionnements pouvaient paraître inépuisables. Les jardins publics étaient transformés en parcs à bestiaux ; le jardin du Luxembourg était couvert d'une foule bêlante de pauvres petits moutons arrachés à leurs pâturages. Toutes ces toisons pressées, toutes ces têtes piteuses de brebis et d'agneaux plaintifs, tous ces mufles interrogateurs et ces regards vagues de bœufs énormes respiraient le regret de la prairie ou de la dune. La foule les inquiétait ; quelques-uns, plus mornes que leurs compagnons, se couchaient dans la boue, en proie à la résignation du désespoir.

Les caves des marchands de comestibles, celles des particuliers, regorgeaient de substances alimentaires : boîtes de conserves, viandes et poissons salés, haricots, pommes de terre, sacs de maïs, sacs de riz, etc., etc.

Les monuments publics étaient transformés en greniers d'abondance. Cela du moins fut fait et bien fait.

Avec les réfugiés en moins, l'armée en moins, et le rationnement dès le début, Paris eût pu tenir quatre mois encore.

IV.

Le 12 septembre, tout Paris put lire une dépêche ainsi conçue :

Du fort de Noisy-le-Sec, 12 septembre, 1 h. 10 du matin.

Amiral Saisset à vice-amiral commandant à Paris.

A une heure et demie, l'officier de grand'-garde au pont du chemin de fer de Noisy vient d'être informé par le chef de gare que le fil télégraphique et la voie du chemin de fer ont été coupés tout près de Noisy, et que la gare de cet endroit commençait à déménager.

Ils arrivaient donc enfin !

Le soir, tout Paris eut la fièvre. On se réunissait par groupes sur les boulevards, et principalement au coin de la rue Drouot et en face de la Mairie. On lisait tout haut la dépêche, on causait avec animation, on avait ce tremblement nerveux qui n'est pas la peur, mais bien au contraire la hâte d'en finir avec l'incertitude, en courant au-devant du péril. Et malgré la crise prochaine, le boulevard conservait son habituelle physionomie : les cafés étaient ouverts et brillants de lumières, les consommateurs affluaient. Les femmes parées rôdaient comme des papillons de nuit autour du nimbe lumineux qui entourait ces palais de la consommation parisienne. Les kiosques étaient entourés d'acheteurs, et la foule qui environnait les cafés se compliquait encore d'un nombre considérable de lecteurs en plein vent.

Le lendemain, les défilés de bataillons furent nombreux et enthousiastes devant la statue de l'héroïque Strasbourg. On chantait *la Marseillaise* dans les rangs, on s'excitait à imiter le courage des Strasbourgeois et à s'ensevelir sous les ruines de l'indépendance nationale. La pensée dominatrice, l'idée fixe des foules était celle-ci : Plutôt la mort que le déshonneur ! Belle et sublime devise, qui fut celle de notre Bretagne durant de longs siècles :

Potius mori quam fœdari !

Et, de fait, nos Bretons étaient là, fidèles au danger ; on les avait vus débarquer à la gare Montparnasse. On avait admiré leur démarche calme, leur apparence modeste et le fier silence de ces légions nouvelles. C'étaient presque tous de grands gaillards, bien découplés, aux solides épaules, aux regards naïfs et bons.

Plusieurs bataillons, ceux du Finistère, je crois, portaient au képi l'hermine bretonne ; ils ne parlaient que l'idiôme celtique et contemplaient avec étonnement nos rues, nos boulevards parisiens et la foule qui s'écoulait sans terme le long des larges trottoirs.

On remarqua beaucoup aussi le bataillon de Saint-Malo (le 5e bataillon d'Ille-et-Vilaine), qui devait revenir au pays veuf d'un grand nombre des braves jeunes gars de nos campagnes, et privé de quelques-uns de nos braves Malouins, parmi lesquels nous citerons Monsieur Louis Talvande, qui fut tué quelques semaines plus tard dans une action où tout le bataillon prit une part glorieuse, et enfin Monsieur Hovius, qui fut blessé à cette même affaire, en combattant bravement à la tête de sa compagnie, reçut la croix d'honneur en récompense de sa belle conduite, et mourut à Paris des suites de sa blessure.

Le début des mobiles bretons fit bien augurer pour l'avenir de leur dévoûment à la Patrie.

Ce fut à Châtillon qu'ils reçurent le baptême du feu. Cette bataille eut une grande influence sur les destinées futures du siége. Les Prussiens savaient que là était le point capital de l'attaque. La possession de ce plateau, dont j'ai précé-

demment fait la description , leur assurait celle de Meudon
et de Bellevue, qui devait entraîner pour nous l'abandon de
Montretout. La possession de ces hauteurs couvrait leur
marche de flanc sur Versailles, par la route qui passe à
Choisy-le-Roi, longe les bois de Verrières et débouche dans
la ville de Louis XIV, un peu au nord du plateau de Satory.

Les zouaves étaient à l'aile droite. Dès le début de l'action,
une panique s'empara d'eux ; quelques obus tombant au
milieu des rangs leur firent croire à un de ces terribles mouvements tournants qui, plusieurs fois déjà , avaient causé
notre perte depuis le début de la guerre, ils eurent peur
d'être enveloppés ; le régiment, composé en majeure partie
de jeunes recrues, se débanda et entraîna dans sa fuite quelques régiments de ligne. Ce n'était plus là les zouaves de
Reischoffen ? Où donc étaient-ils ? Morts sans doute , nos
soldats-géants, tombés au champ d'honneur , comme les
cuirassiers légendaires !

Sur les hauteurs de Villejuif étaient postés le 90ᵉ et le 55ᵉ
régiments de ligne, commandés par le général de Maudhuy.

Ces deux régiments se défendirent mal.

Le 90ᵉ se laissa surprendre. Les soldats étaient tranquillement couchés dans un champ de pommes de terre, lorsqu'une troupe de 500 uhlans les fusilla à l'improviste.

Un grand nombre d'hommes furent atteints dans le dos.
Ce fut le signal de la fuite.

Le 8ᵉ bataillon de mobiles parisiens défendit énergiquement la redoute de Bicêtre. Les mobiles bretons firent leur
devoir et furent dignes de la noble renommée de leurs pères.
Grâce à leur sang-froid, le centre et la gauche, soutenus
par notre artillerie qui, elle aussi, fut sublime de calme courage, purent effectuer leur retraite. Le soleil se couchait
rougeâtre à l'horizon, la nuit allait venir, déjà la brume du
crépuscule descendait sur les grands bois, la voix du canon
roulait par les vallées déjà sombres, les forts s'enveloppaient
par intervalles d'un voile de fumée blanche qui paraissait

dorée aux derniers rayons du couchant. De longues colonnes de nos troupes défilaient silencieusement le long des routes où çà et là se voyaient de larges taches de sang.

C'était la défaite , mais non la déroute ; les Prussiens n'osèrent s'aventurer trop près de la grande ville et n'inquiétèrent pas longtemps nos régiments fatigués , couverts de poussière ensanglantée, mais beaux et redoutables encore.

En résumé, cette bataille valut à l'ennemi le plateau de Châtillon, mais il lui fut deux fois arraché par nos troupes, ne fut évacué que vers le soir, et l'ennemi ne l'occupa même pas le lendemain. Les Prussiens perdirent quelques milliers d'hommes et gagnèrent cinq ou six pièces de campagne qui furent abandonnées dans la redoute. La retraite précipitée de l'aile droite fit échouer le plan de Ducrot. Ce plan consistait à couper l'ennemi en deux , en débouchant sur la route de Choisy-le-Roi à Versailles, par celle qui traverse Châtillon en venant de Paris. Vainqueur, Ducrot rejetait l'ennemi partie sur Versailles, partie sur la ligne d'Orléans, et anéantissait l'un après l'autre les deux fragments de son armée.

Mais la fatalité poursuivait nos armes !

Le soir, les boulevards étaient en proie au cauchemar ; on avait vu revenir les zouaves débandés, sans armes, abrutis par l'ivresse, la foule des fuyards avait débordé dans les rues, les récits alarmants s'étaient répandus avec une rapidité foudroyante , on disait notre armée complètement détruite, les beaux régiments de gendarmes anéantis près de Clamart; les derniers coups de canon de la retraite retentissaient douloureusement dans les âmes.

La nuit fut une nuit d'insomnie pour la cité ; on s'attendait à l'assaut de l'enceinte, ou sinon à l'attaque nocturne de nos forts.

COMBAT DE VILLEJUIF. — FERRIÈRES. — BATAILLE
DE CHEVILLY.

I.

Les Prussiens n'attaquèrent que le 23.

Leur attaque nous valut une victoire et la prise des hauteurs de Villejuif. L'affaire, commencée dès l'aube, était terminée vers dix heures du matin.

Je me souviens encore qu'en passant le matin sur la place de la Concorde, j'entendis la canonnade lointaine et serrée. Des bataillons de gardes nationaux venaient jurer au bruit du canon de mourir pour la défense du droit, et déposaient des couronnes d'immortelles au pied de la statue de Strasbourg. Maintenant nous en sommes réduits à regretter ce temps de deuils, mais aussi d'espérances patriotiques !.....

J'extrais de *l'Opinion Nationale* le récit de Louis Jezierski :

L'affaire de Villejuif a été encore exclusivement une affaire d'artillerie, qui a duré environ quatre heures, de six heures du matin à dix heures.

Le matin, les Prussiens, en nous voyant prendre possession de la redoute des Bruyères, ont mis leurs batteries en position à une distance qui ne dépassait pas huit cents mètres. Leurs tirailleurs, embusqués fort près, dans le cimetière même de Villejuif, ouvrirent le feu.

Sur la redoute, nos soldats, établis à la hâte derrière les petits ouvrages en terre qui continuent la redoute sur la gauche, ripostèrent par une vive fusillade. Les mitrailleuses se postèrent encore plus à gauche, du côté du village, au bout d'un champ qui incline sur la plaine, en avant de Chevilly, et qui se rattache à la redoute par un petit chemin creux.

Elles envoyèrent sur les Prussiens, jetés çà et là dans les

champs et les vergers, une première décharge, qui produisit un sensible effet, car aussitôt ils reculèrent, se mettant à l'abri derrière des bouquets d'arbres, et leurs canons s'installèrent à une portée d'environ quinze cents mètres.

Il faut dire que nos premiers boulets avaient fait sauter deux caissons aux Prussiens, ce qui mit un certain désordre dans leur manœuvre.

C'est alors que commença ce feu dont j'ai parlé hier, si vif, si nourri et si soutenu, que, me disait un officier expert en pareille matière, je me croyais revenu au siége de Sébastopol, sous cette mitraille incessante que les Russes nous envoyaient à cent mètres de leurs ouvrages improvisés pendant la nuit.

L'artillerie ennemie semblait endiablée : obus, boulets, boîtes à balles pleuvaient sur le plateau avec une justesse merveilleuse, et cependant nos soldats, blottis dans leurs tranchées, courbant la tête pour laisser passer cette grêle meurtrière, tenaient bon et répondaient ferme.

Naturellement, les artilleurs étaient les plus exposés, surtout ceux qui servaient les mitrailleuses ; car les canonniers étaient encore quelque peu garantis par l'épaulement des pièces ; les mitrailleuses tiraient presque à découvert. Il fallut, comme je l'ai déjà dit, mettre deux fois à l'abri hommes, chevaux et caissons.

Mais, quelle que fût l'opiniâtreté des Prussiens, servie du reste par une justesse de tir à laquelle nos officiers rendent pleinement hommage, ils durent peu à peu, devant la ténacité non moins opiniâtre des nôtres, se retirer davantage ; si bien qu'à la fin, le feu, envoyé de part et d'autre à très grande distance, devint à peu près inoffensif.

L'ennemi descendit jusqu'aux villages presque contigus de l'Hay et de Chevilly ; là, il se tut, menaçant encore ; car, à midi, à examiner à la lorgnette ses dispositions, j'étais convaincu qu'il reprendrait l'offensive sous peu de temps.

Résultat incontestable : d'abord, les Prussiens n'ont pas

pu, malgré leurs efforts, reprendre les positions de Villejuif, qui cependant leur étaient importantes , car ces positions protégent et dominent le passage qu'ils suivent actuellement au fond de la vallée de la Bièvre, pour atteindre Versailles et Sèvres.

En second lieu, cette brillante affaire nous a coûté fort peu de monde ; nous n'avons, sur ce point du moins, à ce que j'ai pu apprendre, que trois morts et une douzaine de blessés.

Enfin, résultat moral immense : nos jeunes recrues du 95e et du 51e ont prouvé qu'elles se faisaient au feu, qu'elles prenaient à l'user des qualités magnifiques de tenue et de résistance. À vrai dire, le charme me semble rompu. Les terribles Prussiens perdent leur prestige ; deux ou trois engagements ont suffi pour donner à nos troupes le baptême du feu.

L'entrain, l'élan étaient nos qualités géniales ; maintenant, nous nous sommes assimilés des qualités de nature différente, mais non moins essentielles au succès, je veux dire la ténacité, le sang-froid, la persévérance.

Aujourd'hui, le fort de Vanves a tiré quelques coups de canon dans la matinée ; du reste, tout est calme.

On s'attend et on s'observe réciproquement.

Les Prussiens, dans le court séjour qu'ils ont fait dans nos positions, ont essayé de détruire les ouvrages défensifs.

Le génie travaille activement à les rétablir.

On abat les cabanes, les poteaux, tout ce qui, enfin, pourrait servir de point de mire ; on rétablit les parapets et les épaulements ; on installe des gabions, on creuse des tranchées.

Les chevaux et les munitions sont dans d'immenses fosses recouvertes d'un toit promptement casematé, à l'abri des projectiles.

Les mitrailleuses restent en position, défendues par des

détachements d'infanterie qui campent tout le long de la route qui coupe à angle droit celle de Villejuif.

La position de cette redoute est magnifique.

Elle s'avance à un kilomètre plus loin que le fort de Bicêtre, comme une sorte de promontoire, terminant le plateau de Villejuif. Elle flanque ce village et tient sous ses feux toute la plaine, parsemée de vergers et de fermes, qui descend en pente douce sur l'Ilay et Chevilly.

Toutes les maisons d'alentour sont criblées de projectiles ; une grange a son toit défoncé ; le clocher de Villejuif présente de grands trous ronds béants ; la maisonnette qui, dans la redoute même, sert de quartier général au commandant, est lézardée par les obus.

Enfin, sur toute la longueur du plateau, vous n'avez qu'à vous baisser pour recueillir débris d'obus, scories plombées de boulets et autres menus suffrages. Je vois de nombreux casques de Prussiens entre les mains de nos soldats.

Non loin des mitrailleuses, s'élève un petit tumulus, couronné d'une croix en bois. C'est là qu'on vient d'enterrer un canonnier, presque coupé en deux par un obus. Un pied en arrière, même monument ; c'est un soldat du 93°, frappé à la nuque par la mitraille, qui, sur le même point, a tué six chevaux d'un attelage.

Pauvres gens, ils dorment là, au milieu de leurs camarades, qui, tous, les connaissaient et leur ont adressé les adieux suprêmes.

II.

La démarche de Monsieur Jules Favre à Ferrières eut un effet moral immense. Elle fit éclater l'esprit de paix et le désir de fraternité universelle qui doivent inspirer la République française. Qui avait voulu la guerre ? L'Empire. Qui l'avait déclarée sans préparation suffisante ? L'Empire. Qui nous avait jetés, sans motifs réels, dans cette lutte épouvantable contre toute une nation armée ? L'Empire. Qui venait de capituler lâchement à Sedan et de quitter Paris avec les derniers millions arrachés par dix-huit années de rapines à l'épargne publique et à la défense du pays ? L'Empire.

L'Empire donc avait tout fait, l'Empire seul était responsable, l'Empire avait poussé la France vers l'abîme où devaient sombrer à la fois sa richesse, son influence dans le monde, sa vieille réputation militaire, et peut-être son indépendance. Et non seulement il avait fait cela, mais il l'avait fait avec un cœur léger ; son infâme ministre, le renégat Ollivier, l'avait cyniquement proclamé à la tribune !

En vain la gauche avait protesté contre la guerre, en vain Monsieur Thiers, qui, ce jour-là, eut le don de prophétie, avait affirmé que nous n'étions pas en mesure d'entrer en lutte avec la Prusse, le général Lebœuf s'était écrié que nous étions cinq fois prêts, et, de fait, une immense concentration d'armes et de munitions avait été préparée dans Metz. On avait agi comme si nous devions porter la guerre sur le territoire ennemi ; on n'avait pas prévu la défaite, nos sublimes, mais trop faibles régiments, écrasés par le nombre, l'invasion se précipitant comme une marée furieuse par la brèche ouverte, nos places frontières bloquées, et avec elles nos munitions et nos armes ! Et, finalement, la France désarmée en face d'un peuple animé d'une haine sauvage et armé jusqu'aux dents.

L'Empire donc était coupable de la guerre comme de notre défaite ; lui seul devait porter devant l'histoire la responsabilité du sang répandu. La République avait le droit de proposer, de demander la paix au vainqueur ; elle le pouvait sans honte, puisqu'elle avait toujours repoussé cette guerre.

Une démarche dans ce sens, tentée auprès de Bismarck, forçait le grand chancelier à jeter le masque, car, ou bien le roi Guillaume avait dit vrai, quand il avait déclaré ne faire la guerre qu'à la dynastie impériale, et alors la continuation des hostilités n'avait plus de raison d'être ; ou bien le roi de Prusse avait menti en nous laissant croire que nous étions en dehors de son ressentiment, et que la dynastie impériale tombée ne laissait plus de place aux vengeances prussiennes.

Dès lors, toute la responsabilité de l'avenir retombait sur le monarque allemand et sur son astucieux conseiller. Vaincue, la République avait le droit pour elle ; victorieuse, elle demeurait libre de montrer au monde la chevaleresque générosité de la France en tendant au peuple allemand une main fraternelle.

Tels furent, sans doute, les sentiments qui conduisirent Monsieur Jules Favre à tenter auprès du grand chancelier de Prusse une entrevue conciliatrice : il analyse dans un langage éloquent les différentes émotions qui l'ont agité durant les deux jours passés à Ferrières, et nous ne lui reprocherons ni la solennité de certaines formules plus oratoires que diplomatiques, ni l'art un peu trop visible de la mise en scène, ni ces larmes d'avocat qui peuvent produire de l'effet sur un jury composé de gens naturellement bons et naïfs, mais qui devaient faire sourire un vieux diplomate blasé sur les artifices de langage et abaissaient la dignité du représentant de la République devant la morgue un peu railleuse du Richelieu prussien ; non, nous ne les lui reprocherons pas, ces larmes, car elles eurent sur les masses le pouvoir de surexciter leur patriotisme, et de les élever par l'indignation à la hauteur du sacrifice.

A partir de ce moment, Paris n'eut plus de défaillances ; il sentit croître son courage avec le danger ; tous les citoyens se sentirent les coudes, comme on dit vulgairement ; on se résigna simplement, sans phrases ni réticences, à vaincre ou à s'ensevelir sous les ruines de la cité. Hélas ! pourquoi faut-il que la faiblesse du Gouvernement de la Défense ait paralysé l'œuvre du salut commun ; pourquoi la lâcheté des uns, la pauvreté intellectuelle des autres ont-elles rendu inutile ce merveilleux instrument d'attaque et de défense qui s'appelle Paris ? Quelle fatalité les a donc retenus dans une inaction funeste ? Pourquoi n'ont-ils pas jeté sur l'ennemi cette généreuse armée et cette brave garde nationale qui maintenant se détruisent l'une par l'autre ; elles eussent moins souffert sans doute des ravages de l'artillerie prussienne que de la mort lente du froid et de l'anémie ; leur courage eût été moins vite abattu ; leur mort, du moins, plus glorieusement utile, et ces milliers de Français qui tombent dans l'affreuse guerre civile eussent été payés cher par nos envahisseurs. Chaque jour, les rapports, les lettres privées qui m'arrivent viennent confirmer ce que j'ai vu ; la bravoure désespérée de ces malheureux, qui sont maintenant les tyrans de la grande cité républicaine, et qui pouvaient être ses plus solides défenseurs ! Mais laissons Monsieur Jules Favre raconter lui-même son entrevue avec le grand chancelier :

« Je supprime tous les détails de ce douloureux voyage, pleins d'intérêt cependant, mais qui ne seraient point ici à leur place. Conduit à Villeneuve-Saint-Georges, où se trouvait le général en chef commandant le 6ᵉ corps, j'appris assez tard, dans l'après-midi, que le quartier-général était à Meaux. Le général, des procédés duquel je n'ai qu'à me louer, me proposa d'y envoyer un officier porteur de la lettre suivante, que j'avais préparée pour M. de Bismarck :

« Monsieur le Comte,

» J'ai toujours cru qu'avant d'engager sérieusement les hostilités sous les murs de Paris, il était impossible qu'une transaction honorable ne fût pas essayée. La personne qui a eu l'honneur de voir Votre Excellence, il y a deux jours, m'a dit avoir recueilli de sa bouche l'expression d'un désir analogue. Je suis venu aux avant-postes me mettre à la disposition de Votre Excellence. J'attends qu'elle veuille bien me faire savoir comment et où je pourrai avoir l'honneur de conférer quelques instants avec elle.

» J'ai l'honneur d'être, avec une haute considération,
　　　　» De Votre Excellence,
　　» Le très humble et très obéissant serviteur.

　　　　　　　　　　» JULES FAVRE.

» 18 septembre 1870. »

» Nous étions séparés par une distance de quarante-huit kilomètres. Le lendemain matin, à six heures, je recevais la réponse que je transcris :

　　　　　　« Meaux, 18 septembre 1870.

» Je viens de recevoir la lettre que Votre Excellence a eu l'obligeance de m'écrire, et ce me sera extrêmement agréable si vous voulez bien me faire l'honneur de venir me voir, demain, ici, à Meaux.

» Le porteur de la présente, le prince Biron, veillera à ce que Votre Excellence soit guidée à travers nos lignes.

» J'ai l'honneur d'être, avec la plus haute considération, de Votre Excellence, le très obéissant serviteur.

　　　　　　　　» DE BISMARCK. »

» A neuf heures, l'escorte était prête, et je partais avec elle. Arrivé près de Meaux, vers trois heures de l'après-midi, j'étais arrêté par un aide-de-camp venant m'annoncer que le comte avait quitté Meaux avec le roi pour aller coucher à Ferrières. Nous nous étions croisés ; en revenant l'un et l'autre sur nos pas, nous devions nous rencontrer.

» Je rebroussai chemin, et descendis dans la cour d'une ferme entièrement saccagée, comme presque toutes les

maisons que j'ai vues sur ma route. Au bout d'une heure,
M. de Bismarck m'y rejoignait. Il nous était difficile de
causer dans un tel lieu. Une habitation, le château de la
Haute-Maison, appartenant à M. le comte de Rillac, était à
notre proximité ; nous nous y rendîmes, et la conversation s'engagea dans un salon où gisaient en désordre des
débris de toute nature.

» Cette conversation, je voudrais vous la rapporter tout
entière, telle que le lendemain je l'ai dictée à un secré-
taire. Chaque détail y a son importance. Je ne puis ici que
l'analyser.

» J'ai tout d'abord précisé le but de ma démarche. Ayant
fait connaître par ma circulaire les intentions du gouvernement français, je voulais savoir celles du premier ministre
prussien. Il me semblait inadmissible que deux nations
continuassent, sans s'expliquer préalablement, une guerre
terrible qui, malgré ses avantages, infligeait au vainqueur
des souffrances profondes. Née du pouvoir d'un seul, cette
guerre n'avait plus de raison d'être quand la France rede-
venait maîtresse d'elle-même ; je me portais garant de son
amour pour la paix, en même temps de sa résolution inébranlable de n'accepter aucune condition qui ferait de cette
paix une courte et menaçante trève.

» M. de Bismarck m'a répondu que s'il avait la conviction
qu'une pareille paix fût possible, il la signerait de suite. Il
a reconnu que l'opposition avait toujours condamné la
guerre. Mais le pouvoir que représente aujourd'hui cette
opposition est plus que précaire. Si, dans quelques jours,
Paris n'est pas pris, il sera renversé par la populace.

» Je l'ai interrompu vivement pour lui dire que nous
n'avions pas de populace à Paris, mais une population intelligente, dévouée, qui connaissait nos intentions, et qui ne
serait pas complice de l'ennemi en entravant notre mission
de défense. Quant à notre pouvoir, nous étions prêts à le

déposer entre les mains de l'Assemblée déjà convoquée par nous.

« Cette Assemblée, a repris le comte, aura des desseins que rien ne peut faire pressentir. Mais si elle obéit au sentiment français, elle voudra la guerre. Vous n'oublierez pas plus la capitulation de Sedan que Waterloo, que Sadowa, qui ne vous regardait pas. » Puis il a insisté longuement sur la volonté bien arrêtée de la nation française d'attaquer l'Allemagne et de lui enlever une partie de son territoire. « Depuis Louis XIV jusqu'à Napoléon III, ses tendances n'ont pas changé, et quand la guerre a été annoncée, le Corps Législatif a couvert les paroles du ministre d'acclamations. »

» Je lui ai fait observer que la majorité du Corps Législatif avait quelques semaines avant acclamé la paix ; que cette majorité, choisie par le prince, s'était malheureusement crue obligée de lui céder aveuglément ; mais que, consultée deux fois, aux élections de 1869 et au vote du plébiscite, la nation a énergiquement adhéré à une politique de paix et de liberté.

» La conversation s'est prolongée sur ce sujet, le comte maintenant son opinion, alors que je défendais la mienne ; et comme je le pressais vivement sur ses conditions, il m'a répondu nettement que la sécurité de son pays lui commandait de garder le territoire qui la garantissait. Il m'a répété plusieurs fois : « — Strasbourg est la clef de la maison, je dois l'avoir. » — Je l'ai invité à être plus explicite encore : — « C'est inutile, objectait-il, puisque nous ne pouvons nous entendre, c'est une affaire à régler plus tard. » — Je l'ai prié de le faire de suite ; il m'a dit alors que les deux départements du Bas et du Haut-Rhin, une partie de celui de la Moselle avec Metz, Château-Salins et Soissons, lui étaient indispensables, et qu'il ne pouvait y renoncer.

» Je lui ai fait observer que l'assentiment des peuples dont il disposait ainsi était plus que douteux, et que le droit public européen ne lui permettait pas de s'en passer. « — Si

fait, m'a-t-il répondu. Je sais fort bien qu'ils ne veulent pas
de nous. Ils nous imposeront une rude corvée ; mais nous
ne pouvons pas ne pas les prendre. Je suis sûr que dans un
temps prochain nous aurons une nouvelle guerre avec vous.
Nous voulons la faire avec tous nos avantages. »

» Je me suis récrié, comme je le devais, contre de telles
solutions. J'ai dit qu'on me paraissait oublier deux éléments importants de discussion : l'Europe , d'abord, qui
pourrait bien trouver ces prétentions exorbitantes et y
mettre obstacle ; le droit nouveau ensuite, le progrès des
mœurs, entièrement antipathique à de telles exigences. J'ai
ajouté que, quant à nous, nous ne les accepterions jamais.

» Nous pouvions périr comme nation, mais non nous déshonorer ; d'ailleurs, le pays seul était compétent pour se prononcer sur une cession territoriale. Nous ne doutons pas de
son sentiment, mais nous voulons le consulter. C'est donc
vis-à-vis de lui que se trouve la Prusse. Et, pour être net,
il est clair qu'entraînée par l'enivrement de la victoire, elle
veut la destruction de la France.

» Le comte a protesté, se retranchant toujours derrière des
nécessités absolues de garantie nationale. J'ai poursuivi :
« Si ce n'est pas de votre part un abus de la force, cachant
de secrets desseins, laissez-nous réunir l'Assemblée , nous
lui remettrons nos pouvoirs, elle nommera un Gouvernement
définitif qui appréciera vos conditions. »

« Pour l'exécution de ce plan, m'a répondu le comte, il
faudrait un armistice, et je n'en veux à aucun prix. »

» La conversation prenait une tournure de plus en plus
pénible. Le soir venait. Je demandai à M. de Bismarck un
second entretien à Ferrières où il allait coucher, et nous par-
tîmes chacun de notre côté.

» Voulant remplir ma mission jusqu'au bout, je devais revenir sur plusieurs des questions que nous avions traitées, et
conclure. Aussi, en abordant le comte, vers neuf heures et
demie du soir, je lui fis observer que les renseignements que

j'étais venu chercher près de lui étant destinés à être com-
muniqués à mon gouvernement et au public, je résumerais,
en terminant, notre conversation pour n'en publier que ce
qui serait bien arrêté entre nous.

« Ne prenez pas cette peine, me répondit-il, je vous la
livre tout entière, je ne vois aucun inconvénient à sa divul-
gation. »

» Nous reprîmes alors la discussion, qui se prolongea jusqu'à minuit. J'insistai particulièrement sur la nécessité de
convoquer une Assemblée. Le comte parut se laisser convaincre et revint peu à peu à l'armistice. Je demandai quinze
jours. Nous discutâmes les conditions. Il ne s'en expliqua
que d'une manière très incomplète, se réservant de consulter
le roi.

» En conséquence, il m'ajourna au lendemain, onze heures.

» Je n'ai plus qu'un mot à dire ; car, en reproduisant ce
récit, mon cœur est agité de toutes les émotions qui l'ont
torturé pendant ces trois mortelles journées, et j'ai hâte de
finir.

» J'étais au château de Ferrières à onze heures. Le comte
sortit de chez le roi à midi moins le quart, et j'entendis de
lui les conditions qu'il mettait à l'armistice ; elles étaient
consignées dans un texte écrit en langue allemande et dont
il m'a donné communication verbale.

» Il demandait pour gage l'occupation de Strasbourg, de
Toul et de Phalsbourg, et comme, sur sa demande, j'avais
dit la veille que l'Assemblée devrait être réunie à Paris, il
voulait, dans ce cas, avoir un fort dominant la ville... celui
du Mont-Valérien, par exemple...

» Je l'ai interrompu pour lui dire : — « Il est bien plus
simple de nous demander Paris. Comment voulez - vous
admettre qu'une Assemblée française délibère sous votre
canon ? J'ai eu l'honneur de vous dire que je transmettrais
fidèlement notre entretien au Gouvernement ; je ne sais

vraiment si j'oserai lui dire que vous m'avez fait une telle proposition. »

« Cherchons une autre combinaison, m'a-t-il répondu. »

» Je lui ai parlé de la réunion de l'Assemblée à Tours, en ne prenant aucun gage du côté de Paris.

» Il m'a proposé d'en parler au roi, et, revenant sur l'occupation de Strasbourg, il a ajouté : — « La ville va tomber entre nos mains, ce n'est plus qu'une affaire de calcul d'ingénieur. Aussi je vous demande que la garnison se rende prisonnière de guerre. »

» A ces mots, j'ai bondi de douleur, et, me levant, je me suis écrié : « — Vous oubliez que vous parlez à un Français, Monsieur le comte ; sacrifier une garnison héroïque qui fait notre admiration et celle du monde serait une lâcheté ; et je ne vous promets pas de dire que vous m'avez posé une telle condition. »

» Le comte m'a répondu qu'il n'avait pas l'intention de me blesser ; qu'il se conformait aux lois de la guerre ; qu'au surplus, si le roi y consentait, cet article pourrait être modifié.

» Il est rentré au bout d'un quart-d'heure. Le roi acceptait la combinaison de Tours, mais insistait pour que la garnison de Strasbourg fût prisonnière.

» J'étais à bout de forces et craignis un instant de défaillir. Je me retournais pour dévorer les larmes qui m'étouffaient, et, m'excusant de cette faiblesse involontaire, je prenais congé par ces simples paroles :

« Je me suis trompé, Monsieur le Comte, en venant ici ; je ne m'en repens pas, j'ai assez souffert pour m'excuser à mes propres yeux ; d'ailleurs, je n'ai cédé qu'au sentiment de mon devoir. Je reporterai à mon gouvernement tout ce que vous m'avez dit, et, s'il juge à propos de me renvoyer près de vous, quelque cruelle que soit cette démarche, j'aurai l'honneur de revenir.

» Je vous suis reconnaissant de la bienveillance que vous

m'avez témoignée, mais je crains qu'il n'y ait plus qu'à
laisser les événements s'accomplir. La population de Paris
est courageuse et résolue aux derniers sacrifices ; son
héroïsme peut changer le cours des événements. Si vous
avez l'honneur de la vaincre, vous ne la soumettrez pas. La
nation tout entière est dans les mêmes sentiments. Tant
que nous trouverons en elle un élément de résistance, nous
vous combattrons. C'est une lutte indéfinie entre deux
peuples qui devraient se tendre la main. J'avais espéré une
autre solution. Je pars bien malheureux et néanmoins plein
d'espoir. »

Monsieur de Bismarck avait posé des conditions que la
France ne pouvait accepter sans combattre. Il fallait bien se
résoudre à continuer la lutte.

Paris demandait à grands cris une action décisive, énergique ; le gouverneur de Paris avait été informé que les
Prussiens, maîtres encore des villages de l'Hay, Chevilly,
Thiais et Choisy-le-Roi, s'étaient fortifiés dans ces villages
par des travaux de terrassement considérables. En outre, ils
avaient crénelé les murs des jardins qui bordent les chemins
dans cette région, et protégeaient ainsi leur ligne de communication avec Versailles. On pouvait même craindre que
l'ennemi ne méditât quelque retour offensif contre nos positions avancées du plateau de Villejuif.

Le 29 septembre au soir, le 75e et le 81e de ligne, ainsi
que le 3e bataillon de la Vendée, furent massés dans les
redoutes de Villejuif et sur le chemin qui y conduit. Ce chemin passe sous le fort de Bicêtre, qui domine cette partie de
la campagne et se dirige vers la redoute en traversant un
chemin creux qui descend de Villejuif vers la Bièvre et le
bourg d'Arcueil. Arcueil et Cachan occupent sur la rive
gauche de la Bièvre une position assez forte, séparée de nos
redoutes par la vallée profonde de la Bièvre, que traverse
près de là le splendide aqueduc d'Arcueil.

Je décris les lieux *de visu*, car je les ai traversés, il y a quelques jours à peine, l'âme profondément navrée, à l'aspect de tout ce pays désert; de ces maisons fermées et silencieuses comme des mortes dont les paupières sont déjà closes ! Au moment même où je passais dans cette vallée de la Bièvre, dont le nom ne rappelle plus maintenant les souvenirs poétiques d'autrefois, le canon grondait encore tout près de là ; c'était le début de la guerre civile !

Mais revenons au récit de cette bataille de Chevilly, qui fut l'une des plus importantes du siége.

Souvent, dans l'histoire brève et navrante de ce que j'ai vu, je me trouve emporté par le nombre et par la grandeur des souvenirs. Souvent le parallélisme des faits actuels et de l'invasion qui a couvert de ruines les environs si riants naguère de ce beau Paris, m'entraîne dans la comparaison involontaire de ce qui est avec ce qui fut alors.

Le 30 septembre au matin, on sonna la diane avant l'aube. Peu après, nos régiments s'ébranlèrent. Les colonnes suivaient en silence les routes encore sombres. On avait attaché les bidons de manière que leur cliquetis ne révélât pas notre approche à l'ennemi. Mais les Prussiens ne se laissent guère surprendre ; derrière le rideau d'arbres qui masque l'entrée des villages de l'Hay et de Cachan, ils avaient déployé de longues lignes de tirailleurs. Quand nos troupes apparurent sur le versant du plateau, la ligne des arbres se couvrit d'un nuage de fumée déchiré par d'incessants éclairs. Le crépitement sinistre de la fusillade se fit entendre.

A ce moment, le crépuscule jetait sur nos régiments un jour encore vague, mais déjà suffisant pour donner au tir de l'ennemi une sûreté terrible. Nos soldats répondirent avec énergie. Bientôt la voix du canon se mêla à l'éclat strident des Chassepots et au bruit sourd des fusils Dreyse. Le 81e régiment de ligne pénétra un instant dans Cachan, tandis que deux bataillons du 75e de ligne, sous les ordres du lieutenant-colonel Delbuisson, abordaient le village de l'Hay, fortifié, comme Cachan, d'une manière formidable.

Le 35ᵉ et le 42ᵉ de ligne, sous les ordres du général Guilhem, avaient refoulé l'ennemi hors de Chevilly. Les têtes de colonnes de la brigade Blaise avaient pénétré jusqu'à Thiais, pris à l'ennemi une batterie de position, qui ne put être enlevée, faute d'attelages.

Mais bientôt l'ennemi fit avancer contre nos troupes des réserves considérables. Le général Vinoy donna l'ordre de la retraite, qui s'accomplissait dans le plus grand ordre, quand tout-à-coup l'ennemi, sortant à son tour de ses lignes, se porta en masse vers Villejuif et la redoute du Moulin-Saquet.

Nos régiments arrêtèrent leur mouvement, mirent en batterie plusieurs mitrailleuses qui fauchèrent les colonnes ennemies. Ce fut un moment terrible. La déroute se mit dans les régiments prussiens, qui refluèrent en désordre vers leurs positions.

Notre régiment le plus éprouvé fut ce malheureux 35ᵉ de ligne, qui a donné dans toutes les grandes affaires, et qui perdit ce jour-là une quarantaine d'officiers et quelques centaines d'hommes.

Le matin, on put voir rentrer seul dans Paris le cheval du brave général Guilhem. La selle était pleine de sang. Le brave général était mort, et son corps était resté au pouvoir de l'ennemi.

Aspect général de Paris durant les premiers jours du siège.

**L'Espionomanie. — L'Isolement. — Strasbourg et Toul.
La Commune lève la tête. — Premiers symptômes
de disette.**

Affaire de Bagneux. — Incendie du palais de Saint-Cloud.

I.

Paris n'était plus qu'une immense caserne. Les uniformes emplissaient les rues et les boulevards. Tous les citoyens avaient voulu se faire inscrire dans la garde nationale, tous portaient fidèlement quelque lambeau de l'uniforme, les uns le pantalon noir à bande rouge, les autres le képi, d'autres la vareuse courte et un peu large, qui remplaçait avantageusement la tunique longue et serrée que flanquaient jadis d'une façon si grotesque ces vastes épaulettes blanches. Et dire que l'ex-général de la garde nationale avait préféré offrir sa démission que de ne plus voir les soldats-citoyens affublés de l'ancien et ridicule uniforme du garde national classique !

Toutes les places, toutes les promenades, tous les boulevards extérieurs étaient consacrés aux exercices. L'école de peloton, celle de bataillon, employaient plusieurs heures par jour. Chaque matin retrouvait les conscrits civils à la même place, attentifs au commandement, prompts à comprendre, mais encore gauches dans l'exécution. Ce qui faisait surtout le désespoir de certains bourgeois et l'amusement éternel de la galerie, c'était l'escrime à la baïonnette. C'était là le grand écueil de ceux de nos camarades dont l'abdomen dépassait un peu trop l'alignement. Que de chutes risibles, que d'épisodes amusants dans ces exercices ! Mais aussi comme l'assiduité patiente du bourgeois et la gaieté sarcastique de l'artiste rendaient ces heures courtes et fructueuses !

3e livraison.

Sur toute la surface immense de Paris, ces spectacles se renouvelaient chaque jour. Le fusil ne quittait presque plus l'épaule des citoyens. Les rues étaient remplies du roulement incessant des tambours, sur lequel se détachait par instants la voix stridente des clairons. Partout les bataillons succédaient aux bataillons.

Les mobiles aussi s'exerçaient dans les premiers jours. Nos Bretons venaient à neuf heures sur la place du Carrousel. Beaucoup de mobiles étaient venus avec des pistons; on leur avait donné des chassepots, on les avait aussi fournis de l'équipement réglémentaire. Les braves jeunes gens endossaient fièrement l'uniforme et portaient gaillardement le sac noir surmonté de la toile de tente soigneusement roulée sur la couverture de laine.

Le soir, la garde nationale veillait gaiement aux remparts et à la sécurité des rues. C'était elle qui fournissait des sentinelles à l'immense développement de notre enceinte, elle encore qui parcourait les rues en patrouilles silencieuses, pendant la nuit, car l'ancienne police n'existait plus. On l'avait remplacée par ces honnêtes et béats personnages qui parcouraient trois par trois nos trottoirs dans une attitude contemplative et qu'on désignait sous le nom de *gardiens de la paix*. Du reste, leurs figures fraîchement rasées, leurs crânes chauves, leurs mains amaigries et souvent jointes, leurs fronts traversés par des rides vénérables, et aussi leurs longs capuchons noirs, donnaient à leurs pacifiques personnes un aspect tout-à-fait monastique, et l'on était étonné de ne pas trouver à leur ceinture le chapelet en place du sabre.

En ces jours-là, Paris eut une maladie morale. Ce fut l'espionomanie.

Un de mes amis, qui avait le malheur d'être Alsacien, de porter une longue barbe roussâtre et d'avoir un accent tudesque prononcé, fut traîné au poste par une foule furieuse qui ne parlait de rien moins que de l'accrocher au premier

bec de gaz ou de le fusiller sans sursis. Il réussit, non sans
avoir la barbe arrachée et la figure meurtrie, à persuader
un officier de garde nationale de lui faire donner un fiacre
pour le dérober à la surexcitation populaire. La foule s'y
opposait. On criait : A mort l'espion ! à l'eau le Prussien !
Enfin, le fiacre put partir et conduire ce malheureux à la
préfecture de police. Là il donna son adresse et demeura
quelques heures au dépôt. Il m'a dit n'avoir jamais eu de
réflexions moins joyeuses que dans ce sombre séjour de déte-
nus. Enfin on le remit en liberté. A peine libre, il courut
chez un coiffeur et se fit couper la barbe.

On n'osait plus sortir sans avoir sur soi de nombreuses
preuves d'origine française.

Souvent, dans les groupes, deux discuteurs se traitaient
de Prussiens après avoir épuisé leurs derniers arguments, et
la foule finissait par les conduire au poste, où sans doute
ils devaient passer la nuit à réfléchir aux inconvénients des
discussions en plein air. Souvent aussi on voyait se former
peu à peu des groupes de nez tendus en l'air...

— Que regarde-t-on, qu'y a-t-il ? demandaient les passants.

— Voyez-vous cette lumière, répondait le groupe à voix
basse et mystérieuse.

— C'est drôle, murmuraient les passants ; et ils se joi-
gnaient au groupe.

Qu'était la lumière ? Le plus ordinairement la lampe d'un
travailleur ou la veilleuse d'une malade.

— C'est un signal ! clamait la foule, et aussitôt elle se
ruait sur la maison soupçonnée, escaladait l'escalier et faisait irruption dans la demeure d'un citoyen paisible.

Un soir, des visiteurs affolés et nocturnes trouvèrent que
l'objet de leur visite domiciliaire, le personnage étonnant
qui avait ameuté tout un quartier et rempli toute une rue
de têtes anxieuses, n'était autre qu'un perroquet vert, mais

empaillé, dont les reflets avaient paru d'en bas à la foule un signe d'intelligence avec l'ennemi.

Cette folie passa vite, car les foules parisiennes ont trop de bon sens pour être longtemps ridicules.

II.

Une autre souffrance de Paris fut l'isolement complet que lui fit l'investissement. Paris, la ville-centre et rayon, celle d'où partaient et où aboutissaient jadis tous les bruits du monde, était livrée à elle-même, abandonnée à ses propres songes, à ses grandes et sublimes angoisses ; nos amis, nos frères, nos mères, nos femmes, nos enfants, étaient bien loin, au fond de la Bretagne ou de la Normandie. Qu'é-taient devenus tous ces chers absents ? Quand donc serait rompu le silence lourd qui planait sur nous ? Quoi, plus rien, pas même une lettre ! Les nôtres s'envolaient chaque semaine à travers l'espace ; arriveraient-elles ? Toutes ces questions sans réponses passaient comme autant de poignards à travers nos cœurs.

Dès les premiers jours du siége, la poste avait dépêché un certain nombre d'émissaires qui devaient traverser les lignes prussiennes avec nos lettres et nous rapporter les réponses. J'en vis partir plusieurs ; l'un d'eux, nommé Longuet, était un garçon d'une rare énergie. Il partit le soir en camion ; mais, arrivé à portée d'un bois, dans le voisinage des lignes ennemies, son camion fut percé de plusieurs balles. Il voulut poursuivre. Nouvelle décharge. Il fallut bien tourner bride. En même temps, les gardiens de bureau Brard et Gemme partirent à pied et déguisés ; ils furent tous deux arrêtés et conduits à un officier prussien. L'officier, ce jour-là, poussa la complaisance jusqu'à leur offrir à dîner, après leur avoir fait probablement exhiber leur commission. Ils passèrent la nuit avec les Allemands. Le lendemain, on

les fit accompagner jusqu'à Saint-Germain ; de là, ils conti-
nuèrent assez tranquillement leur route par Poissy jusqu'à
Mantes. Là, ils purent remettre leurs dépêches et reprirent
dès le lendemain la route de Paris. Ils traversèrent de nouveau les lignes prussiennes et rentrèrent dans la ville assiégée en passant par Courbevoie et la Porte-Maillot. Quelques
jours plus tard, ils tentèrent une nouvelle expédition.
Celle-ci fut moins heureuse que la première. Arrêtés
aux avant-postes prussiens, ils furent fouillés sévère-
ment et menacés d'être fusillés à leur première tentative du
même genre. Puis on les relâcha et, ce jour-là encore, ils
purent rentrer dans Paris. L'un d'eux, Brard, je crois, fit
une troisième tentative. On ne le revit plus ! Sans doute il
est mort, victime obscure de son dévoûment à son devoir !
J'ai causé longtemps avec plusieurs facteurs qui ont exposé
leur vie pour nous donner la douce satisfaction de recevoir
des nouvelles de nos absents ; tous ont été faits prisonniers,
fouillés, entièrement dépouillés de leurs vêtements, et finalement envoyés captifs dans une forteresse allemande.

Je transcris ici quelques lignes émues de Francisque Sarcey à propos de ce manque absolu de correspondances qui
nous serrait à tous si étrangement le cœur :

« Je me souviendrai longtemps qu'un soir je dînais au res-
taurant, avec trois Parisiens des plus sceptiques, et que tout
en mangeant fort mal, nous faisions des mots et sur le dîner
qu'on nous servait et sur les horreurs du siége ; nous étions
tous animés de cette gaieté un peu factice qui pétille sur
l'esprit boulevardier comme la mousse sur le champagne.
A quatre pas de nous, sur une table séparée, dînaient un
vieillard et en face de lui une jeune femme, sa fille, sans
doute, qui avait à côté d'elle un petit enfant de trois ou
quatre ans, blond, les cheveux bouclés et babillant avec l'in-
génuité de son âge. Il vit sur notre table une poire et en
demanda à sa mère. L'un de nous se détacha, et, après s'être
excusé auprès de la jeune femme, offrit un quartier de fruit

au bambin et l'embrassa. Quand il revint, il avait les yeux
tout pleins de grosses larmes qu'il cherchait à dissimuler,
et tous quatre, bravement, nous nous mîmes à pleurer les
uns devant les autres, en face de notre assiette, sans mot
dire. »

Dans un très prochain chapitre je parlerai des ballons ; je
décrirai la poste pendant le siége, avec ses messagers ailés,
son service aérien , ses pauvres petits pigeons enfin , qui
nous ont tant fait battre le cœur.

III.

Le 2 octobre, Paris apprit que Toul et Strasbourg avaient
succombé. Cette nouvelle ne causa nulle surprise à la population parisienne. On savait que les bastions de la grande
cité alsacienne n'offraient plus d'appui sérieux à leurs défenseurs, les bombes prussiennes avaient détruit la citadelle,
les remparts battus en brèche s'étaient effondrés sur plusieurs points, trois assauts tentés par l'assiégeant avaient
été repoussés ; une nouvelle attaque pouvait réussir, il fallait
à tout prix éviter à la population, déjà éprouvée par les horreurs d'un bombardement , les extrémités plus navrantes
encore d'une prise d'assaut.

La ville avait capitulé, parce que la résistance était devenue
inutile. Bismarck l'avait dit à Jules Favre, la prise de Strasbourg était infaillible, c'était affaire de calcul d'ingénieur.

Monsieur Gambetta fit afficher sur les murs de la capitale
une proclamation dont voici la teneur :

» RÉPUBLIQUE FRANÇAISE.

» *Liberté , Egalité , Fraternité.*

» Citoyens,

» Le gouvernement vous doit la vérité sans détours, sans
commentaires.

» Les coups redoublés de la mauvaise fortune ne peuvent plus déconcerter vos esprits ni abattre votre courage.

» Vous attendez la France ; mais vous ne comptez que sur vous-mêmes.

» Prêts à tout, vous pouvez tout attendre :

» Toul et Strasbourg viennent de succomber.

. » Cinquante jours durant, ces deux héroïques cités ont essuyé, avec la plus mâle constance, une véritable pluie de boulets et d'obus.

» Epuisées de munitions et de vivres, elles défiaient encore l'ennemi.

» Elles n'ont capitulé qu'après avoir vu leurs murailles abattues crouler sous le feu des assaillants.

» Elles ont, en tombant, jeté un regard vers Paris pour affirmer, une fois de plus, l'unité et l'intégrité de la Patrie, l'indivisibilité de la République, et nous léguer, avec le devoir de les délivrer, l'honneur de les venger.

» *Vive la France ! Vive la République !*

» *Le Ministre de l'Intérieur,*

» Léon GAMBETTA. »

Le deuil fut grand dans la cité, les journaux parurent bordés de noir ; des groupes de citoyens vinrent contempler avec le respect dû aux morts la statue de la ville de Strasbourg, sur la place de la Concorde.

Mais ce deuil fut plus intérieur qu'extérieur, les visages ne portaient pas la trace bien visible de cette douleur qui s'affirmait dans les âmes par un muet serment de vengeance.

Ce jour-là était un dimanche. Le soleil inondait de ses rayons les palais et les dômes. Toute la foule des femmes et des jeunes filles que le travail de la semaine tient esclaves, était descendue de la mansarde. Les rudes ouvriers, les enfants aussi, rieurs, tapageurs, fiers de leurs beaux habits neufs, Français déjà par l'amour de ce qui brille, les uns affublés de shakos en miniature, les autres traîneurs en herbe de sabres en fer blanc, les bureaucrates, reconnais-

sables à la flexibilité naturelle que donne à leurs épaules
le pli de l'obéissance passive, toute cette foule, dis-je, escaladait le Trocadéro, Montmartre, tous les points élevés d'où
l'on pouvait voir la fumée des camps prussiens.

Où donc étaient-ils, ces brûleurs de villages, ces tueurs
de femmes et d'enfants ? Là-bas, sans doute, cachés derrière
ces grands bois blafards. Et tous les yeux, tous les bras,
toutes les lunettes, se tendaient vers les lointaines et menaçantes collines où l'envahisseur préparait avec une patiente
lenteur ces terribles batteries qui devaient, quelques semaines plus tard, vomir sur nous leur infernale tourmente de
fer et de feu.

Que ne sortait-on en masse ? On était cinq cent mille,
on pouvait broyer l'ennemi sous une avalanche humaine, on
pouvait se jeter dans la lutte avec l'énergie du lion blessé, et
mourir peut-être, mais du moins mourir glorieusement pour
la patrie, en ne laissant à l'armée prussienne mutilée que
la plus épouvantable et la plus désastreuse des victoires.
Tel était le sentiment de la foule. Voilà ce qui se disait dans
les groupes. On murmurait hautement contre l'inertie du
gouvernement de Paris, les opinions extrêmes de certains
clubs, commençaient dès lors à gagner la foule. Les officiers d'état-major, qui passaient pour n'être que de tristes et
inutiles créatures de Trochu, jouissaient surtout de la défa-
veur publique, plusieurs avaient été froissés, bousculés, insul-
tés, d'autres n'avaient dû leur salut qu'à la vitesse de leurs
chevaux de luxe. Ces réunions publiques étaient autant de
foyers de la plus ardente discussion. Les diatribes anti-gou-
vernementales allaient leur train. Les orateurs réclamaient
avant tout et surtout des élections municipales immédiates.
Les journaux démocratiques faisaient écho aux clubs. Une
sourde irritation grandissait de jour en jour dans la masse
laborieuse de la population.

IV.

Le 2, au soir, le bruit courut à Paris de la défaite de l'armée de la Loire. Le lendemain, une phrase ambiguë de la proclamation de Gambetta jeta du trouble dans les esprits. Deux journalistes : Félix Pyat et Blanqui, un honnête étourdi : Gustave Flourens, étaient les têtes de l'opposition radicale.

Le 4 octobre, le rappel battait dans Belleville. Plusieurs bataillons se rassemblèrent sous les ordres de Flourens, qui s'était décerné le titre de *major de rempart*. Huit mille hommes descendirent sur la place de l'Hôtel-de-Ville. Suivi de son état-major, Flourens entra dans le palais municipal pour exposer aux membres du gouvernement de la défense l'objet de la manifestation.

Il demandait : 1° l'armement immédiat, avec des chasse-pots, des volontaires de la garde nationale ; 2° l'envoi en province de commissaires républicains munis de pleins pouvoirs ; 3° les élections municipales ; 4° le rationnement égal pour tous.

Le général Trochu refusa d'accéder à ces demandes, qui toutes, il faut l'avouer, étaient justes et raisonnables. Le général Trochu devait avoir ses raisons pour ne pas envoyer de commissaires *républicains* en province. Quant aux élections municipales, ces Messieurs de la Défense n'en voulaient guère. Une autorité même purement municipale, à côté de la leur, eût sans doute porté ombrage à leur autocratie.

Le rationnement égal pour tous n'avait pas non plus de quoi les satisfaire. Les simples officiers avaient triple ration de pain et de viande. Les ministères regorgeaient de provisions qui eussent longtemps entretenu la résistance, si l'administration avait su les ménager pour le peuple.

Le 8 octobre, à deux heures, les partisans de la Commune

se massent de nouveau sur la place de l'Hôtel-de-Ville. L'immense place se couvre rapidement d'une foule menaçante. On apostrophe les fenêtres de l'Hôtel-de-Ville, qui restent hermétiquement fermées.

Cependant le flot augmente ; Félix Pyat, Flourens, Millière, Blanqui sont dans la foule.

Des orateurs improvisés émettent leurs opinions, les chocs d'idées se font violemment, les injures se croisent. Un sourd murmure monte du fond de cet océan de têtes humaines.

Au loin gronde le canon des forts.

Tout-à-coup, les fenêtres du milieu de la façade s'ouvrent. Ferry, Rochefort, Arago paraissent. « Les élections ! la Commune ! vive la Commune ! » crie la foule.

On ferme les grilles et les portes de la Mairie.

Un des membres du Gouvernement provisoire fait un geste ; on croit qu'il veut parler, toutes les têtes se tournent de son côté. La place est pavée de visages. La croisée se referme, le tumulte recommence. Bientôt sur la place débouchent, par diverses issues, de longues colonnes de gardes nationaux. Peu à peu les manifestants sont refoulés vers les quais et la rue de Rivoli. Vive la Commune ! crie la foule ; à bas la Commune ! crie la garde nationale.

Le Gouvernement provisoire, composé de MM. Jules Favre, Ferry, Picard, Arago, Jules Simon, et suivi d'un état-major pris dans les bureaux, fait le tour de la place. Les tambours battent aux champs.

Les membres du Gouvernement s'arrêtent au milieu de la place. Jules Favre se détache du groupe et prononce, d'une voix émue, les paroles suivantes :

« Citoyens,

» Le Gouvernement de la Défense voit avec regret les manifestations armées qui se succèdent depuis quelques jours. Nos ennemis s'en réjouissent. Cependant, je suis persuadé du patriotisme de ceux qui dirigent ou appuient ces manifestations. *Ils peuvent être des impatients, mais non des adversaires.* Je repousse cette qualification, parce que je réponds qu'il n'en est pas un seul qui n'ait d'autre but que de battre l'ennemi.

» C'est aussi le but de tous nos efforts, et c'est pour cela que je demande la fin de ces manifestations bruyantes qui pourraient tromper sur les sentiments qui nous animent. Pour finir et vous dire toute la pensée du Gouvernement : *Nous sommes déterminés à n'accepter aucune élection, jusqu'à ce que le dernier Prussien ait repassé nos frontières, ou dorme enseveli sous la terre de France.* »

A ce moment, un nuage depuis longtemps menaçant verse une ondée sur la foule. Les bataillons se disloquent. Les hommes s'enveloppent dans leurs couvertures et se séparent aux cris de vive la République ! La pluie cesse. A l'horizon, le soleil jette, avant de disparaître derrière les collines de Saint-Cloud, un long regard louche et rouge sur la ville assiégée.

Ainsi se termine cette *journée.*

Paris avait pu voir, durant quelques heures, se dresser en son enceinte le spectre de la guerre civile. On ne peut s'empêcher de croire qu'une Commune, formée de gens honnêtes et pratiques, eût rendu pendant le siège d'immenses services à la cause de la Défense. Peut-être nous eût-elle sauvés, après la capitulation, de cette désastreuse lutte qui maintenant ensanglante le sein de la France. La Commune alors eût dû représenter toutes les classes et un peu toutes les nuances d'opinions républicaines. Le 18 mars n'eût peut-être pas eu lieu, parce que le Gouvernement aurait dû compter avec une assemblée communale honorable à tous égards, et dont les services eussent montré la raison d'être. Paris aurait été doté de fait de ses élections municipales, et sans doute la Chambre se fût inclinée devant la majesté du fait accompli.

Ce fut un grand malheur pour la France et pour l'idée communale, que cette idée n'ait trouvé que des défenseurs

mal posés dans l'opinion publique, à cause de l'exagération
de leurs principes ou du peu de consistance de leur conduite.

Si, dès le début, la classe moyenne s'était mêlée activement au mouvement communaliste, si les élections s'étaient
faites sous la pression d'une majorité honnête et modérée,
Paris aurait eu sa Commune, ni plus ni moins que Saint-
Jouan-des-Guérêts, et il ne fût venu à l'esprit de personne
de s'opposer par la force à l'exercice d'un droit si parfaitement juste.

Mais la classe bourgeoise n'a jamais su que s'abstenir et
laisser faire ; elle a besoin de sauveurs, elle ne sait pas
administrer ses propres affaires ; aussi tous les despotismes,
qu'ils viennent d'en haut ou d'en bas, l'ont toujours traitée
en mineure ; tous les coups d'Etat la trouvent docile. Elle a
subi le 2 Décembre, elle a accepté le 4 Septembre, elle a
laissé faire le 18 Mars. Elle subit maintenant la faction
rouge, comme elle subirait la faction blanche, si cette dernière l'emportait. Et c'est grâce à ce funeste servilisme que
le sens politique, que le sens patriotique, que le sens commun s'oblitèrent. Cette passivité de la classe moyenne s'ex-
prime toute dans ce point d'interrogation : A quoi bon la
politique ?

Elle a permis l'Empire, elle permet tout aux gouvernants,
quels qu'ils soient, pourquoi s'opposerait-elle à quelqu'un ou
à quelque chose ? Elle manque de criterium ; le bien et le
mal, le juste et l'injuste sont mots vides de sens pour elle,
et voilà pourquoi la bourgeoisie, démoralisée par la Monarchie de 1830, corrompue par le régime du 2 Décembre,
n'est plus cette fière bourgeoisie qui fit 89, et ne peut plus
maintenant régénérer la France tombée.

Vers cette époque, une nouvelle misère se faisait déjà sen-
tir aux assiégés. La viande de boucherie fut rationnée à
100 grammes par tête. Le blocus était sérieux. Tout espoir
de ravitaillement prochain devait être abandonné.

La population se porta en masse chez les marchands de conserves. On vit se former rapidement à la porte de l'épicier Potin d'interminables queues. Oh ! ces queues, ces maudites queues, que de victimes elles ont fait durant ce long siége ! Il y aurait là de nombreuses et navrantes choses à dire. Mais je parlerai de cela dans un chapitre suivant.

On riait encore à ce moment de l'empressement général, et pourtant l'heure approchait des souffrances et des détresses ! Combien dans cette immense ville , combien de pauvres accidentels, combien de petits rentiers privés de leurs rentes, d'ouvriers privés de leur travail, de commerçants sans clientèle, qui n'osèrent demander leur nécessaire aux cantines municipales ; saints et sublimes amours-propres, hontes superbes, qui firent préférer à ces obscurs martyrs la torture de la faim à l'abaissement de l'aumône.

Et parmi toutes ces foules souffrantes, parmi toutes ces familles en deuil, pas une plainte, pas un cri de détresse, rien, que le désir obstiné de voir Paris s'ensevelir sous ses ruines plutôt que de capituler.

Voilà quelle fut cette populace, que les ignorants, ou les sots, ou les absolutistes peuvent calomnier, mais non déshonorer. Monsieur Jules Favre lui-même, après une visite au 20e arrondissement, ne put s'empêcher de rendre justice aux habitants de ce quartier excentrique.

Je regrette de n'avoir pas l'espace nécessaire pour publier ce document, qui fit honneur à l'esprit de justice de notre ministre des affaires étrangères.

V.

Le mois d'octobre fut signalé par un assez grand nombre de sorties partielles. Les affaires les plus importantes furent celles du 13 et celle du 21 octobre, la première par le 13e corps, sous les ordres de Vinoy; l'autre par le 14e corps, sous la direction de Ducrot.

L'attaque du 13 octobre commença vers neuf heures du matin. Deux coups de canon tirés du fort Montrouge furent le signal du mouvement. La 3e division du 13e corps, général Blanchard, était spécialement chargée de l'action : elle devait être soutenue par la brigade Dumoulin, de la division Maud'huy, et la brigade de la Charrière, division Caussade.

Deux bataillons du 13e de marche, avec 500 gardiens de la paix, devaient s'emparer de Clamart, s'y maintenir, surveiller Meudon et pousser les avant-postes jusque sur le plateau de Châtillon. Le général Susbielle, avec le reste de sa division (le 14e de marche et un bataillon du 13e), renforcée par 500 gardiens de la paix, attaquerait Châtillon par la droite ; les mobiles de la Côte-d'Or et un bataillon des mobiles de l'Aube, forceraient Bagneux et s'y établiraient solidement ; le 35e de ligne, avec un autre bataillon de la Côte-d'Or, devait aborder Châtillon de front et occuper Fontenay, pour surveiller la route de Sceaux. Le 42e de ligne, avec le 3e bataillon de l'Aube, recevait l'ordre de rester en réserve en arrière de Châtillon, vers le centre des opérations, au lieu dit la Baraque ; la brigade la Charrière avait pour mission de se porter sur la route de Bourg-la-Reine et de maintenir les forces que l'ennemi dirigeait de ce côté pour tourner notre gauche.

Bagneux fut enlevé par les mobiles de la Côte-d'Or. Le premier bataillon de l'Aube, qui n'avait pas encore vu le feu, eut une attitude très ferme. Monsieur de Dampierre tomba glorieusement à la tête de sa troupe. Les Prussiens s'étaient retranchés dans les maisons et tiraient par les fenêtres. Le combat ne fut pas long. Nos soldats criblèrent les maisons d'une grêle de balles. Çà et là, le plâtre des murs porte encore l'égratignure de la fusillade. Les portes, les contrevents sont percés à jour. Deux barricades furent enlevées d'un seul élan par la colonne chargée de la prise de Châtillon. Nos soldats s'avancèrent jusqu'à l'angle formé par les routes de Châtillon et de Clamart, c'est-à-dire à quelques pas de la crête du plateau où les Prussiens ont établi depuis leurs formidables ouvrages.

En même temps, la colonne de droite s'emparait de Clamart.

Mais bientôt nos têtes de colonnes furent arrêtées par la force des positions ennemies, de nombreuses batteries croisaient leurs feux sur nos régiments, une mousqueterie terrible partait des bois et des murs crénelés des jardins, des forces imposantes se massaient en arrière des plateaux, il fallut encore battre en retraite.

L'ordre de retraite fut admirable. Nos mobiles furent dignes de leurs braves émules du 35ᵉ. L'affaire avait duré cinq heures, nous ramenions quelques prisonniers Mecklembourgeois dans la ville. La foule, massée aux portes, les accueillit par le cri de : « A bas les Prussiens, » comme pour leur faire comprendre que la population de Paris ne faisait retomber sa haine que sur les Prussiens et non sur le peuple allemand.

Le soir du même jour, tout Paris put voir le ciel en feu du côté de Saint-Cloud. C'était un spectacle grandiose et terrible. Le palais de Saint-Cloud n'était qu'un immense brasier. Les flammes s'élevaient en énormes tourbillons au-dessus des grands arbres du parc. Une fumée rouge et sombre planait sur les collines, depuis Saint-Cloud jusqu'à Meudon. La Seine, où se reflétait l'incendie, semblait un fleuve de sang ! Hélas ! j'ai revu depuis ce même palais, jadis si gracieux, au sein de sa couronne de verdure. Il est tombé comme les dynasties qui l'habitèrent jadis ; quelques murs noircis, quelques ruines que le vent émiette, des colonnes de marbre blanc, brisées sur le pavé des cours, des balcons naguère dorés, maintenant noirs et tordus au feu, qui pendent le long des frontons lézardés, et tout autour la ruine, le désert, la mort, une ville entière anéantie, les plus délicieuses villas criblées d'obus, et n'offrant plus aux regards que des toits béants et des murs hagards qui portent dans l'âme du passant l'effroi et la tristesse, des rues comblées par les décombres, voilà Saint-Cloud. Ah ! la guerre, l'effroyable guerre, puisse-t-elle être à jamais maudite, puissent ceux qui la déclarent être voués à l'éternelle exécration du genre humain !

AFFAIRE DU 21 OCTOBRE.

Circulaire de M. de Bismark. — Réponse de M. Jules Favre. — Rapport du Gouvernement.

I.

La sortie du 21 octobre fut exécutée par le 14ᵉ corps, sous les ordres du général Ducrot. Nos diverses colonnes d'attaque étaient appuyées par une nombreuse artillerie (près de 100 pièces de campagne) et par de la cavalerie.

A une heure, tout le monde était en position, et l'artillerie ouvrait son feu sur un vaste demi-cercle, entre la station de Rueil et la ferme de Fouilleuse. Elle couvrit, pendant près d'une heure, Buzenval, La Malmaison, La Jonchère et Bougival, de ses feux concentriques.

Pendant ce temps, nos têtes de colonnes s'approchaient lentement des objectifs à atteindre, c'est-à-dire de la Malmaison et de Buzenval ; les tirailleurs s'éparpillaient en longues lignes mobiles sur les versants, dans les vignes, dans les vallées.

Tout-à-coup l'artillerie cessa son feu ; nos troupes descendirent au pas de course le ravin qui sépare l'étang de Saint-Cucufa du chemin de fer américain, en contournant la Malmaison. La gauche du général Noël dépassa le ravin et gravit les pentes qui montent à la Jonchère. Mais elle se trouva arrêtée par un feu violent de mousqueterie partant des bois et des maisons où l'ennemi était resté embusqué sous le feu de notre artillerie. Quatre compagnies de zouaves se trouvèrent acculées dans l'angle qui forme le parc de la Malmaison, au-dessous de la Jonchère, et auraient pu être très compromises, sans l'énergique intervention du bataillon de Seine-et-Marne, arrivé fort à propos pour les dégager.

4ᵉ livraison.

Ce bataillon se porta sur les pentes qui dominent Saint-Cucufa, sa droite appuyée au parc de la Malmaison. Il ouvrit sur l'ennemi un feu violent de mousqueterie ; les Prussiens reculèrent ; les zouaves étaient sauvés.

La journée fut marquée par un incident fâcheux. Une batterie d'artillerie légère, s'étant portée trop en avant, fut surprise par une subite et vigoureuse fusillade. En quelques minutes, le capitaine fut tué, dix canonniers et quinze chevaux tombèrent : le désordre se mit dans les attelages, quatre pièces reculèrent vivement et furent sauvées par le sang-froid des conducteurs, mais les deux autres, privées de leurs attelages, restèrent aux mains de l'ennemi.

La fameuse redoute de Montretout fut un instant occupée par nos tirailleurs, mais bientôt le signal de la retraite vint arrêter le mouvement des troupes, qui regagnèrent leurs positions, sous la protection du Mont-Valérien.

Cette journée, importante comme résultat moral, était nulle au point de vue du résultat matériel ; nous n'avions pas gagné un pouce de terrain, et l'ennemi, qui avait tenté de passer la Seine à Bezons, avait éprouvé un rude échec. Les mobiles d'Ille-et-Vilaine, le 75e et le 99e de ligne, furent fort engagés et perdirent beaucoup à cette affaire.

II.

Deux jours avant cette bataille, M. J. Favre avait remporté une sorte de victoire diplomatique sur Monsieur de Bismarck. Je crois devoir mettre sous les yeux du lecteur les intéressantes pièces du procès.

Au rapport diplomatique de notre ministre des affaires étrangères, Monsieur de Bismarck avait répondu cette longue lettre un peu tortueuse dans ses arguties :

CIRCULAIRE DE M. DE BISMARCK

aux Représentants de la Confédération du Nord
à l'étranger. (1).

« Ferrières, 27 septembre 1870.

» Le rapport adressé par M. Jules Favre à ses collègues,
le 21 courant, relativement à l'entretien qu'il a eu avec
moi, m'engage à faire à Votre Excellence une communication qui vous permettra de donner une idée exacte de la
marche de ces entretiens. Il faut avouer qu'en général,
M. Favre s'est efforcé de faire un récit exact de ce qui s'est
passé entre nous. S'il n'y a pas toujours entièrement réussi,
il faut l'attribuer à la longueur de notre conférence et aux
circonstances particulières dans lesquelles elle a eu lieu. Je
dois pourtant élever des objections à la tendance générale de
son exposé, et insister sur ce fait que le sujet principal que
nous avions à discuter n'était point celui de la conclusion
d'un traité de paix, mais celui d'un armistice qui devait
précéder ce traité.

» Relativement aux demandes que nous devions faire
avant de signer un traité de paix définitif, j'ai déclaré
expressément à M. Jules Favre que je me refusais à enta-
mer le sujet de la nouvelle frontière réclamée par nous jusqu'à ce que le principe d'une cession de territoire eût été
ouvertement reconnu par la France. Comme conséquence de
cette déclaration, la formation d'un nouveau département
de la Moselle, contenant les circonscriptions de Sarrebourg,
Château-Salins, Sarreguemines, Metz et Thionville, fut
mentionné par moi comme un arrangement conforme à nos
intentions ; mais, en même temps, je n'ai nullement
renoncé à notre droit de faire de nouvelles stipulations,

(1) Ce document a été traduit sur le texte allemand publié par *le*
Nord German Correspondant.

dans un traité de paix, proportionnées aux sacrifices qui nous
seraient imposés par la prolongation de la guerre.

» Strasbourg, place désignée par M. Favre comme « *clef
de la maison*, » expression qui laissait toujours douter si
la France était la maison en question , fut expressément
déclarée par moi être « *la clef de notre maison*, » que nous
ne désirions pas laisser, par conséquent, entre des mains
étrangères.

» Notre première conversation au château de la Haute-
Maison, près Montry, ne dépassa pas les limites d'une discussion académique sur le présent et le passé, dont la subs-
tance s'est trouvée renfermée dans la déclaration de M. Jules
Favre qu'il était prêt à nous céder « *tout l'argent que
nous avons* , » tandis qu'il se refusait à admettre l'idée
d'une cession de territoire. Quand j'ai parlé d'une cession
comme étant tout-à-fait indispensable, il a déclaré que les
négociations de paix n'auraient aucune chance de succès, et
a soutenu que céder une portion quelconque du territoire
serait humiliant et déshonorant pour la France.

» Je n'ai pu le convaincre que des conditions que la
France avait imposées à l'Italie et demandées à l'Allemagne
sans avoir été en guerre avec l'un ou l'autre de ces pays
(conditions que la France nous aurait imposées à nous, si
nous avions été vaincus, et qui ont été la conséquence inévitable de presque toutes les guerres, même dans les temps
modernes), ne sauraient être honteuses pour un pays ayant
succombé après une courageuse résistance, et j'ai ajouté que
l'honneur de la France ne différait pas essentiellement de
celui des autres nations. Je n'ai pu réussir non plus à persuader à M. Favre que la restitution de Strasbourg n'impli-
quait pas davantage un déshonneur à la France que la cession de Landau et de Sarrelouis ; et que les conquêtes violentes et injustes de Louis XIV n'étaient pas plus étroitement liées à l'honneur de la France que celles de la première
République ou celles du premier Empire.

» Notre conférence prit un tour plus pratique à Ferrières, où nous avons discuté exclusivement la question d'un armistice, fait qui réfute l'allégation d'après laquelle j'aurais déclaré que je n'accepterais un armistice dans aucune circonstance. La manière dont M. Jules Favre me fait dire relativement à cette question et à d'autres : « — Il faudrait un armistice, et je n'en veux à aucun prix, » et autres choses analogues, me forcent à rectifier ces assertions, et à ajouter que, dans des conversations pareilles, je ne me suis jamais servi et je ne me sers jamais d'une locution indiquant que *moi* je *désire* personnellement, *exige* ou *approuve* quoi que ce soit. Je parle toujours des intentions et des demandes du gouvernement dont je suis le représentant.

» Dans cette conversation, les deux parties ont convenu de considérer la nécessité de donner à la nation française une occasion de choisir des représentants qui seuls seraient en position d'accorder au Gouvernement actuel les pouvoirs suffisants pour lui permettre de conclure une paix sanctionnée par le droit international, comme motif d'un armistice. J'ai appelé l'attention sur le fait qu'un armistice était toujours un désavantage militaire pour une armée engagée dans une marche victorieuse ; que, dans le cas actuel, c'est un gain des plus importants en fait de temps pour la défense de la France et la réorganisation de son armée ; et que, par conséquent, nous ne pouvions accorder un armistice, si on ne nous offrait pas les avantages militaires équivalents.

» A ce propos, j'ai mentionné la reddition des forteresses qui empêchaient nos communications avec l'Allemagne, car une trève devant prolonger la période pendant laquelle nous devions alimenter notre armée, des concessions pour faciliter le transport des vivres devaient en être les conditions préliminaires. Strasbourg, Toul, et d'autres places de moindre importance, formèrent le sujet de cette discussion.

En ce qui concerne Strasbourg, j'ai fait remarquer que les glacis ayant été entamés, la prise de la ville ne pourrait tarder et que nous pensions que la situation militaire rendrait la reddition de la garnison nécessaire, tandis que l'on permettrait à ceux qui gardaient les autres places d'en sortir avec les honneurs de la guerre.

» Une autre question difficile se rapportait à Paris. Comme nous avions entièrement cerné la ville, nous ne pouvions permettre l'entrée de nouveaux approvisionnements qu'à condition qu'ils n'affaibliraient pas notre position militaire et ne prolongeraient pas le temps nécessaire pour réduire la ville par la famine. Après avoir consulté les autorités militaires, j'ai offert, par ordre de Sa Majesté le Roi, les alternatives suivantes, relativement à Paris :

» Ou la position de Paris doit nous être concédée par la reddition d'une partie dominante de la défense, et dans ce cas nous sommes prêts à permettre la libre communication avec Paris et à ne pas empêcher l'alimentation de la ville ;

» Ou on pourrait *ne pas* nous concéder la position devant Paris; mais dans ce cas nous ne pourrions consentir à abandonner l'investissement , et nous devrions insister sur la continuation du *statu quo militaire* devant cette ville , puisque autrement nous nous trouverions en face de Paris approvisionné de nouveau en armes et en vivres.

» M. Favre a expressément rejeté la première alternative relative à la reddition d'une partie des défenses de Paris, ainsi que la condition de garder comme prisonnière de guerre la garnison de Strasbourg. Il a promis de consulter ses collègues sur la seconde alternative, relative au maintien du *statu quo* militaire devant Paris.

» Le programme que M. Favre a rapporté avec lui à Paris comme le résultat de nos conversations, et qui y a été discuté, ne contient donc rien au sujet des termes d'une paix future, mais seulement au sujet de l'accord d'un armistice de quinze jours ou de trois semaines, pour préparer les

voies à l'élection d'une Assemblée Nationale dans les conditions suivantes :

    » 1° La continuation du *statu quo* dans ou devant Paris ;

    » 2° La continuation des hostilités à Metz et autour de
Metz, dans un certain rayon dont l'étendue sera déterminée ;

    » 3° La reddition de Strasbourg, dont la garnison devien-
drait prisonnière de guerre, et celles de Toul et de Bitche,
dont on permettrait aux garnisons de sortir avec les honneurs de la guerre.

    » Je crois que notre conviction que nous avons fait des offres
très conciliantes sera partagée par tous les cabinets neutres.

    » Si le gouvernement français s'est décidé à ne pas profiter
de l'occasion présentée de procéder à l'élection d'une Assemblée Nationale, même dans les parties de la France occupées par nous, cela démontre sa résolution de ne pas se
débarrasser des difficultés qui empêchent la conclusion d'une
paix conforme au droit international et à ne pas écouter
l'opinion publique du peuple français. Des élections libres
et générales tendraient à des résultats favorables à la paix ;
telle est la conviction qui s'impose à nous et qui n'a pu
échapper à l'attention de ceux qui exercent le pouvoir à
Paris.

    » Je prends la liberté de prier Votre Excellence de porter la
présente circulaire à la connaissance du gouvernement auprès
duquel elle est acréditée.   DE BISMARCK. »

III.

    J'ai hâte de transcrire la magnifique réponse de Jules
Favre, elle s'empare successivement des arguments de notre
vainqueur pour les détruire l'un après l'autre.

    Jamais, sans doute, la Patrie Française n'avait parlé, même
au sein des gloires perdues, un plus digne et plus fier langage.

Cette réponse, la voici :

LETTRE DE M. JULES FAVRE.

aux Représentants de la France à l'étranger.

« Monsieur, je ne sais quand cette dépêche vous parviendra. Depuis trente jours Paris est investi, et sa ferme résolution de résister jusqu'à ce qu'il ait obtenu la victoire peut prolonger quelque temps encore la situation violente qui le sépare du reste du monde. Néanmoins, je n'ai pas voulu retarder d'un jour la réponse que mérite le rapport rédigé par M. le comte de Bismarck sur l'entrevue de Ferrières. Je constate d'abord qu'il confirme en tous points mon récit, sauf en ce qui concerne un échange d'idées sur les conditions de la paix, qui, suivant M. de Bismarck, n'auraient pas été débattues entre nous.

» J'ai reconnu que sur ce sujet le chancelier de la Confédération du Nord m'avait opposé dès les premiers mots une sorte de fin de non-recevoir tirée de ma déclaration absolue : « que je ne consentirais à aucune cession de territoire ; » mais mon interlocuteur ne peut avoir oublié que, sur mon insistance, il s'expliqua catégoriquement, et mentionna, pour le cas où le principe de la cession territoriale serait admis, les conditions que j'ai énumérées dans mon rapport : l'abandon par la France de Strasbourg avec l'Alsace entière, de Metz et d'une partie de la Lorraine.

» Le chancelier fait observer que ces conditions peuvent être aggravées par la continuation de la guerre. Il me l'a, en effet, déclaré, et je le remercie de vouloir bien le mentionner lui-même. Il est bon que la France sache jusqu'où va l'ambition de la Prusse ; elle ne s'arrête pas à la conquête de deux de nos provinces, elle poursuit froidement l'œuvre systématique de notre anéantissement. Après avoir solennellement annoncé au monde, par la bouche de son roi, qu'elle n'en voulait qu'à Napoléon et à ses soldats, elle s'acharne à détruire le peuple français ; elle ravage son sol, incendie ses villages, accable ses habitants de réquisitions, les fusille quand ils ne peuvent satisfaire à ses exigences, et met toutes les ressources de la science au service de la guerre d'extermination.

» La France n'a donc plus d'illusion à conserver. Il s'agit pour elle d'être ou de n'être pas. En lui proposant la paix au prix de trois départements qui lui sont unis par une étroite affection, on lui offrait le déshonneur. Elle l'a repoussé. On prétend la punir par la mort. Voilà la situation bien nette.

» Vainement lui dit-on : il n'y a pas de honte à être vaincu, encore moins à subir les sacrifices imposés par la défaite. Vainement ajoute-t-on encore que la Prusse peut reprendre les conquêtes violentes et injustes de Louis XIV. De telles objections sont sans portée, et l'on peut s'étonner d'avoir à y répondre.

» La France ne cherche pas une impuissante consolation dans l'explication trop facile des causes qui ont entraîné son échec. Elle accepte ses malheurs et ne les discute pas avec son ennemi. Le jour où il lui a été donné de reprendre la direction de ses destinées, elle a loyalement offert une réparation. Seulement, cette réparation ne pouvait être une cession de territoire. Pourquoi ? parce que c'était un amoindrissement ? Non ; parce que c'était une violation de la justice et du droit dont le chancelier de la Confédération du Nord ne semble tenir aucun compte. Il nous renvoie aux conquêtes de Louis XIV.

» Veut-il revenir au *statu quo* qui les a immédiatement précédées ? Veut-il réduire son maître à la couronne ducale placée sous la suzeraineté des rois de Pologne ? Si, dans la transformation que l'Europe a subie, la Prusse est devenue d'un Etat insignifiant une puissante monarchie, n'est-ce pas à la conquête qu'elle le doit ? Mais avec les deux siècles qui ont favorisé cette vaste recomposition, s'est opéré un changement plus profond et d'un ordre plus élevé que celui qui

déterminait jusqu'ici les morcellements de territoire. Le
droit humain est sorti des régions abstraites de la philosophie. Il tend de plus en plus à prendre possession du monde,
et c'est lui que la Prusse foule aux pieds quand elle essaye
de nous arracher deux provinces en reconnaissant que les
populations repoussent énergiquement sa domination.

» A cet égard, rien ne précise mieux sa doctrine que ce
mot rappelé par le chancelier de la Confédération du Nord :
Strasbourg est la clef de notre maison. C'est donc comme
propriétaire que la Prusse stipule, et, cette propriété, elle
l'applique à des créatures humaines dont elle supprime par
ce fait la liberté morale et la dignité individuelle. Or, c'est
précisément le respect de cette liberté, de cette dignité,
qui interdit à la France de consentir à l'abandon qu'on lui
demande. *Elle peut subir l'abus de la force, elle n'y ajoutera pas l'abaissement de sa volonté.*

» J'ai eu le tort de ne pas faire sur ce point suffisamment
comprendre ma pensée quand j'ai dit, ce que je maintiens,
que *nous ne pouvons sans déshonneur céder l'Alsace et la
Lorraine.* J'ai caractérisé par-là non l'acte imposé au
vaincu, *mais la faiblesse d'un complice qui donnerait la
main à l'oppresseur et consommerait une iniquité pour se
racheter lui-même.* M. le comte de Bismarck ne trouvera
pas un Français digne de ce nom qui pense et agisse autrement que moi.

» Et c'est aussi pourquoi je ne puis reconnaître qu'une
proposition d'armistice sérieusement acceptable nous ait été
faite. Je désirais avec ardeur qu'un moyen honorable nous
fût offert de suspendre les hostilités et de convoquer une
Assemblée. Mais, j'en appelle à tous les hommes impartiaux,
le Gouvernement pouvait-il accéder au compromis qui lui
était proposé ? L'armistice n'eût été qu'une dérision, s'il
n'avait rendu possibles de libres élections. Or, on ne lui
donnait qu'une durée effective de quarante-huit heures.
Pendant le surplus de la période de quinze jours ou de trois

semaines, la Prusse se réservait la continuation des hostilités, en sorte que l'Assemblée eût délibéré sur la paix et la guerre pendant la bataille qui aurait décidé du sort de Paris.

» De plus, l'armistice ne s'étendait pas à Metz. Il excluait le ravitaillement et nous condamnait à consommer nos vivres pendant que l'armée assiégeante aurait largement vécu par le pillage de nos provinces. Enfin, l'Alsace et la Lorraine n'auraient pas nommé de députés, par la raison vraiment inouïe qu'il s'agissait de prononcer sur leur sort : la Prusse, ne leur reconnaissant pas ce droit, nous demandait de tenir la poignée du sabre avec lequel elle le tranche.

» Voilà les conditions que le chancelier de la Confédération du Nord ne craint pas d'appeler « très conciliantes, » en nous accusant « de ne pas saisir l'occasion de convoquer une Assemblée Nationale, témoignant ainsi notre résolution de ne pas nous débarrasser des difficultés qui empêchent la conclusion d'une paix conforme au droit national , et de ne pas écouter l'opinion publique du peuple français. »

» Eh bien, nous acceptons devant notre pays comme devant l'histoire la responsabilité de notre refus. Ne pas l'opposer aux exigences de la Prusse eût été à nos yeux une trahison. J'ignore quelle destinée la fortune nous réserve ; mais, ce que je sens profondément, c'est qu'ayant à choisir entre la situation actuelle de la France et celle de la Prusse, c'est la première que j'ambitionnerais. J'aime mieux nos souffrances, nos périls, nos sacrifices, que l'inflexible et cruelle ambition de notre ennemi. J'ai la ferme confiance que la France sera victorieuse. Fût-elle vaincue, elle resterait encore si grande dans son malheur, qu'elle demeurerait un objet d'admiration et de sympathie pour le monde entier. Là est sa force véritable, là sera peut-être sa vengeance.

» Les cabinets européens, qui se sont bornés à de stériles témoignages de cordialité, le reconnaîtront un jour ; mais il sera trop tard. Au lieu d'inaugurer la doctrine de haute médiation, conseillée par la justice et l'intérêt, ils autorisent, par leur inertie, la continuation d'une lutte barbare qui est un désastre pour tous, un outrage à la civilisation. Cette sanglante leçon ne sera pas perdue pour les peuples. Et qui sait ? l'histoire nous enseigne que les régénérations humaines sont par une loi mystérieuse étroitement liées à d'ineffables malheurs. La France avait peut-être besoin d'une épreuve suprême ; elle en sortira transfigurée, et son génie brillera d'un éclat d'autant plus vif qu'il l'aura soutenue et préservée de défaillances en face d'un puissant et implacable ennemi.

» Lorsque vous pourrez, Monsieur, vous inspirer de ces réflexions dans vos rapports avec les représentants du gouvernement près duquel vous êtes accrédité, la fortune aura prononcé son arrêt ; en voyant cette grande population de Paris assiégée depuis un mois, si résolue, si calme, si unie, j'attends avec un cœur ferme et confiant l'heure de sa délivrance.

» Recevez, etc.,   Jules FAVRE. »

IV.

J'ai souligné à dessein dans la lettre de Monsieur Jules Favre quelques lignes qui sont assurément le jugement le plus juste et le plus sévère qu'on puisse porter contre l'inertie qui a conduit Paris à la capitulation par la voie lente de la famine, et la France au déshonneur par l'acceptation finale des conditions du vainqueur. Notre époque est féconde en mystères. Comment le même gouvernement qui a dit ou laissé dire par un de ses membres ces hautes et dignes paroles en parlant de la France : *Elle peut subir l'abus de sa force, elle n'y ajoutera pas l'abaissement de sa volonté ;* comment ce gouvernement a-t-il pu commettre quelques semaines plus tard l'acte déshonorant qu'il stigmatise avec tant d'énergie par l'organe de Monsieur Jules Favre ? comment ce même Monsieur Jules Favre a-t-il pu signer de la même main dont il écrivit ces lignes, les préliminaires du traité de paix avec la Prusse ? comment les mêmes hommes, qui viennent de déployer tant d'énergie pour reprendre Paris en révolte, ont-ils montré tant de faiblesse pour défendre Paris martyr ? Quel sentiment plus fort que l'amour de la Patrie habitait donc le cœur de ces hommes ?

Ils pressentaient dès lors leur impopularité croissante, car ni les belles paroles de Jules Favre, ni les rares nouvelles de province ne satisfaisaient l'impatience générale : le peuple de Paris voulait une défense active ; les clubs fermentaient, l'idée communaliste faisait chaque jour de nouveaux adeptes ; on demandait au Gouvernement de nombreuses et grandes sorties ; à défaut d'actes, il nous offrit un rapport, ce rapport donne d'une façon assez nette la mesure des efforts tentés depuis le commencement du siége pour rendre Paris imprenable, efforts purement passifs, comme on va le voir par les extraits ci-contre :

L'ARTILLERIE.

Aujourd'hui, grâce au patriotisme des officiers retraités ou démissionnaires rappelés à l'activité, aux batteries prises dans les dépôts, au concours de plus en plus efficace des artilleurs de la garde mobile de la Seine, de Seine-et-Oise, de la Drôme, du Rhône, de la Loire-Inférieure et du Pas-de-Calais, à la création de compagnies de canonniers auxiliaires recrutés parmi les anciens militaires, et, par-dessus tout, grâce à l'activité et au dévouement de la marine, qui nous a donné ses amiraux, ses officiers, ses artilleurs, en même temps que 7,000 de ses marins, le personnel de l'artillerie de la place est arrivé au chiffre respectable de 13,000 officiers, sous-officiers et soldats.

Aujourd'hui, l'artillerie a mis en batterie, sur l'enceinte ou dans les forts, 2,140 bouches à feu.

Aujourd'hui, nous avons porté de 540,000 kilog. à 3 millions l'approvisionnement des poudres. Le siége de Sébastopol n'a consommé que 1,500,000 kilog., et d'ailleurs la fabrication continue. Les projectiles oblongs ont été développés sur une large échelle. On a fait venir tous ceux qui existaient dans les forges de l'Ouest et du Midi ; on a fait appel à l'industrie privée, qui s'est mise en état d'en fournir une production constante et qui dépasse dès aujourd'hui les besoins prévus. De dix coups par pièce, l'approvisionnement a été porté à 400 coups, et jusqu'à 500 pour les canons des forts.

En même temps, le service de l'artillerie s'occupait de la fabrication des cartouches d'infanterie. Au début , on était loin d'avoir en magasin les 800 cartouches par homme jugées nécessaires dans les places de première classe. On dut se réduire à 390 cartouches. Mais de vastes ateliers ont été installés, et, après les lenteurs inévitables de la mise en train, on est arrivé à une fabrication de plus de deux millions de cartouches par semaine, assurément supérieure aux besoins de la consommation, même la plus étendue.

L'artillerie a rendu à la défense de Paris un service d'un autre genre : elle a, par l'usage des pièces à longue portée, obligé l'ennemi à reporter au loin le rayon d'investissement. En conséquence, tous les forts de la rive droite, à l'exception d'Aubervilliers, de Vincennes et de Nogent, ont reçu des canons d'un puissant calibre. Le Mont-Valérien, Charenton, Gravelle, la Faisanderie, la Double-Couronne et divers points saillants de l'enceinte continue en ont été abondamment pourvus. Les mêmes pièces ont servi à former les magnifiques batteries des Buttes-Chaumont et des Buttes-Montmartre, qui battent tout le terrain de Gennevilliers à Romainville, ainsi que les importantes batteries du parc de Saint-Ouen, qui protégent le fort de la Briche et qui portent leurs projectiles jusqu'au versant qui domine la Seine à droite d'Argenteuil.

L'armement des forts de la rive gauche et de l'enceinte qui les avoisine a été fortifié de la même manière, de façon à protéger le Point-du-Jour, la vallée de la Seine en amont, le confluent de la Marne et l'entrée dans Paris du chemin de fer d'Orléans. Enfin, les bastions sont tous prêts à recevoir, en très peu de temps, la réserve nécessaire aux fronts d'attaque. Cette réserve qu'il a fallu, comme nous l'avons dit, créer tout entière, ne s'élève pas à moins de 350 bouches à feu.

LE GÉNIE.

Dans les forts, presque tout était à faire : il n'y avait ni abris, ni plates-formes, ni magasins, ni casemates, ni embrasures ; ni, à plus forte raison, aucune des défenses accessoires qu'il est nécessaire d'accumuler aux abords des ouvrages. Le génie militaire a accompli tous ces travaux avec une rapidité remarquable.

Dans les six forts occupés par la marine, les travaux d'armement et de terrassement ont été exécutés par les marins eux-mêmes avec un entrain au-dessus de tout éloge. Une autre œuvre, et celle-ci des plus considérables, fut de fermer les soixante-neuf portes et d'établir des ponts-levis ; à ce travail seul, plus de 11,000 ouvriers furent employés. Il fallait en même temps barrer les quatre canaux et placer dans la Seine des estacades.

La zone militaire était déblayée, les bois de Boulogne et de Vincennes abattus en partie ; les dehors des forts garnis de palissades, sur une ligne d'un développement de 61,000 mètres courants ; enfin, trois batteries tout-à-fait nouvelles s'élevaient à Saint-Ouen, à Montmartre et aux Buttes-Chaumont.

Sur les remparts, où, comme dans les forts, tout faisait

défaut, le génie militaire a construit des traverses, des abris que chacun peut voir et compter ; 2 millions de sacs à terre ont couronné les parapets ; 70 magasins voûtés ont été construits pour recevoir les poudres et le matériel de la défense.

La partie de l'enceinte qui correspond au Point-du-Jour semblait, il y a six semaines, ouverte au feu de l'ennemi ; elle est devenue, grâce aux travaux exécutés en avant dans le village de Billancourt et aux deux retranchements intérieurs, un des points les plus forts de la place.

De Vitry à Issy, d'une part, entre Saint-Denis et le canal de l'Ourcq, d'autre part, les maisons ont été crénelées, les rues barricadées ; une ligne continue relie maintenant les redoutes de Gravelle et de la Faisanderie aux forts qui se succèdent jusqu'à Saint-Denis. En avant de cette ligne, les villages de Noisy, Rosny, Nogent, ont été également retranchés ; on travaille à une ligne nouvelle qui s'étendra de la Seine (au point correspondant à Port-à-l'Anglais) à la Marne, en passant par Maisons-Alfort.

Plus de 80,000 travailleurs ont coopéré à cette œuvre immense, qui représente des mouvements de terre incalculables.

Voilà ce qu'on avait fait. Que restait-il à faire ?

Monsieur le général Trochu sut le dire en un seul mot durant les dernières semaines du siége, en répondant à une lettre de Monsieur de Moltke, lui annonçant la reprise d'Orléans. Ce mot était tout un programme... combattre.

LE BOURGET. — CAPITULATION DE METZ.
LE 31 OCTOBRE.

I.

Le vendredi 28 octobre, au soir, une compagnie de francs-tireurs s'étant glissée près du Bourget, petit village en avant de Saint-Denis et à une lieue du fort d'Aubervilliers, avait surpris le poste qui l'occupait, et, après un combat de nuit qui n'avait pas eu grande importance, s'en était emparé. La position ne valait pas la peine d'être conquise. Les Prussiens y revinrent en force le matin ; ils furent repoussés. Ce n'était qu'un succès moral. On eut le tort d'en faire sonner très haut l'importance, et le tort plus grave de ne rien faire pour conserver cette position, quoiqu'on ne jugeât pas à propos de l'évacuer. Nous n'opposâmes sur ce point à l'artillerie prussienne et aux retours offensifs probables que deux pièces de 12, cinq pièces de 4 et une mitrailleuse.

Ce qui devait arriver arriva. L'ennemi revint en grandes forces, et le Bourget fut perdu pour nous. J'extrais, dans un journal du temps, le récit très détaillé et très intéressant de cette désastreuse affaire :

« Figurez-vous, entre sept heures et demie et huit heures et demie, un déluge d'obus s'abattant sur le Bourget. Point de trève : les projectiles tombent partout, éclatent dans les rues et dans les maisons ; ils dispersent nos soldats et les écartent de leur poste de combat ; cependant les colonnes d'attaque avançaient rapidement à portée de fusil, et à la canonnade se joignait une fusillade non moins vive. L'infanterie ennemie était disposée en équerre, cernant de deux côtés le village, entre Dugny et le chemin de fer. La cavalerie manœuvrait de façon à couper et sabrer nos soldats, disséminés et désorientés.

5e livraison.

» Que faire ? Quelques hommes du génie, aidés par des escouades de mobiles, avaient, dès la veille, improvisé à la hâte quelques barricades sur les avenues donnant au Nord ; mais ces barricades étaient incomplètes, et, de plus, d'une construction déplorable ; rien que des pavés et des moellons. On ne les avait pas liées et fortifiées par un épaulement en terre ; aussi, à chaque obus, elles faisaient brèche, et les éclats de pierre, se mêlant à la mitraille, forçaient les défenseurs à s'éloigner. Cependant les soldats essayèrent, à plusieurs reprises, de les rétablir.

» Nos malheureuses pièces tentèrent vainement de lutter ; elles s'étaient réunies sur le côté Est du village, du côté de la Halle, afin d'arrêter les Prussiens, de protéger la grande route et de laisser la retraite libre aux nôtres. Elles envoyaient des boîtes à balles sur les masses ennemies ; à chaque coup, on voyait celles-ci s'ouvrir et se séparer sur un angle d'au moins 30 mètres.

» Mais ce ne fut qu'un instant : à leur tour, nos pièces tombèrent sous la pluie des canons ennemis. Un obus piqua droit sur une d'elles, renversa les quatre chevaux et deux servants. La trombe enveloppait nos artilleurs, qui se hâtèrent de réatteler la pièce, et on enfila au grand trot la route d'Aubervilliers.

» L'infanterie ne pouvait plus tenir. Les postes, dispersés dans le village, dans les enclos, la tête sous la mitraille, les flancs resserrés de chaque côté par le feu des tirailleurs, se hâtaient de se replier, voyant bien qu'une minute de plus allait fermer le cercle autour d'eux.

» Quelques-uns, soit parmi les mobiles, soit parmi le 28ᵉ de marche, pour se garer des éclats, avaient eu l'idée de descendre dans les caves ; ceux-là ont été pris. D'autres détachements des mêmes régiments, placés en tête du village, ne purent en gagner à temps l'extrémité : ils ont été enveloppés.

» Ceux des nôtres qui battaient en retraite rencontrèrent

le 35e de marche, les chasseurs à pied et les turcos du 28e, qui venaient relever la garnison du Bourget. Si ce renfort était arrivé plus tôt, eût-il changé l'issue de la lutte ? J'en doute ; il l'eût quelque peu prolongée, mais il n'eût pu remédier au défaut d'artillerie.

» Toutefois, il servit à protéger la retraite. Les turcos, après un instant de débandade, se reformèrent et furent portés en tirailleurs sur la gauche de la route, en avant du chemin de fer, où les chasseurs, troupes solides et excellentes, occupèrent la même position. En même temps que ces lignes de tirailleurs arrêtaient l'ennemi sur le Bourget et protégeaient le ralliement des camarades, l'artillerie s'arrêtait sur la grande route, à la hauteur d'une suifferie, à mille mètres du Bourget. Là, nos pièces se mirent en batterie, avec l'aide de soldats disséminés alentour ; elles commencèrent le feu sur la droite du Bourget, dans la direction de la gare.

» Cependant les obus du fort d'Aubervilliers sifflaient par-dessus, sans relâche, dans la même direction. L'objet de cette vigoureuse canonnade était de dégager, si faire se pouvait, la route du Bourget, et d'ouvrir un chemin à nos malheureux soldats, restés dans le village. En effet, dans le Bourget même, à l'intérieur, on entendait encore la fusillade : nos braves luttaient encore au milieu de l'ennemi.

» Mais les tirailleurs prussiens avançaient toujours sur la droite, en s'abritant derrière les nombreuses maisons qui s'élèvent dans la plaine. Bientôt, ils furent à portée de fusil. Le cercle était complet, et comment rompre cette masse lointaine de maisons ?

» Le fort tirant toujours, les pièces se rabattirent plus bas, sur la grande route, au point de jonction du chemin de la Courneuve. Là est une barricade ; les soldats du génie, sortant du fort, travaillaient à la hâte pour continuer la tranchée, tout le long de ce chemin, afin de couper l'espace entre la Courneuve et la grande route. Des renforts de mobiles se rangèrent derrière l'épaulement et s'engagèrent dans les maisons crénelées, au bord du chemin.

» Mais ils n'eurent pas à tirer. Nos lignes avancées de tirailleurs contenaient les Prussiens qui, du reste, ne s'aventuraient pas en plaine. Ils se contentèrent d'occuper, à droite et à gauche de la route de Lille, les bâtiments formant redoute contre nous, en arrière du Bourget.

» On ne voyait s'échapper des embrasures que quelques rares flocons de fumée. L'ennemi renonçait à inquiéter notre retraite.

» Toutes les troupes rentrèrent en bon ordre sur Saint-Denis, par la route de la Courneuve et par la voie ferrée. Aubervilliers tirait toujours : nos pièces de campagne défilèrent les dernières. Le général de Bellemare, installé avec son état-major sur le chemin de la Courneuve, dirigeait la retraite.

» A onze heures, tout était fini, et cependant on entendait toujours, à intervalles inégaux, des coups de feu dans l'intérieur du Bourget : les nôtres, là-bas, luttaient encore.

» Tel est, autant qu'il est possible de voir et de comprendre l'ensemble d'une opération militaire, le résumé exact de cette affaire. Elle est, pour nous, une grande leçon : puissions-nous en profiter. Elle est aussi, malgré nos pertes et notre échec, un encouragement ; car elle a montré de quelle force de résistance nos soldats sont capables. Lorsqu'ils sont vaincus, ce n'est pas de leur faute : ils ont fait leur devoir. Mais il y a d'autres devoirs de prévoyance et d'activité. Si ceux-là n'ont pas été remplis, ce n'est pas aux soldats qu'en reviennent la faute et la responsabilité.

» Je ne peux rien dire du nombre des blessés et des morts : la plupart sont tombés au Bourget et n'ont pu être ramenés. Pendant la retraite même, nos pertes sont presque nulles.

» Quant au chiffre des prisonniers, sans vouloir hasarder de chiffres, je dirai seulement que, le soir de cette journée de dimanche, plusieurs compagnies du 14e et du 12e mobiles, et du 28e de marche, n'ont pas encore rallié le quartier. Le bruit court que le commandant Baroche, du 12e, est prisonnier ; on parle même du commandant du 14e. En cherchant à Saint-Denis des officiers du 28e auxquels je serrai la main, la veille même, au Bourget, je n'ai pu les retrouver ; ils n'étaient pas encore rentrés.

» A la Courneuve, je rencontre les braves francs-tireurs de la presse ; ils étaient un groupe et ils se comptaient avec anxiété ; la plupart manquaient à ce fraternel et douloureux appel. Un capitaine, au visage pâle, à l'œil fiévreux, rangeait ses débris. Plusieurs volontaires pleuraient silencieusement de grosses larmes : « On a beau parfois se disputer, me disait l'un ; maintenant, on sent combien l'on s'aime : on est frères. »

II.

La ville qui depuis les dernières manifestations, avait retrouvé son aspect tranquille des jours ordinaires, retomba dans l'agitation à la nouvelle de la reprise du Bourget. Des groupes consternés se formèrent sur le parcours des boulevards. Au coin des rues, on n'entendait que ces mots : Les Prussiens ont repris le Bourget ! que font nos généraux ? nous sommes trahis ! Pour comble à notre inquiétude, une nouvelle qui, depuis deux jours, transpirait dans la population, éclata tout-à-coup : Metz avait capitulé ! Quoi ! Metz, la forteresse sans rivale, la Pucelle, comme l'appelaient fièrement les Messins, avait capitulé, et avec elle une armée, la plus belle armée de France, 173,000 soldats d'élite ! Les ressources de toutes sortes, munitions de guerre, canons, chassepots, accumulés dans cette ville, devenaient la proie de l'ennemi ! La population parisienne comprit dès lors instinctivement que la fatalité n'était pas la seule cause de nos malheurs, l'incapacité de nos généraux ne pouvait même pas amener de tels désastres ; du reste, plusieurs d'entre eux, qui s'étaient montrés d'une insuffisance honteuse durant cette triste guerre, avaient jadis déployé de précieuses facultés et montré de profondes connaissances militaires. Il y avait donc autre chose que l'incapacité des chefs, autre chose que la fatalité dans nos infortunes, il y avait... préméditation. Oui, Bazaine, celui qu'on appelait encore, quelques jours avant la chute de Metz, le glorieux Bazaine, Bazaine n'était qu'un ambitieux vulgaire qui, pour de mesquines considérations personnelles, avait sciemment épuisé son héroïque armée dans de fausses sorties, toujours inutiles, faisant écraser aujourd'hui un régiment et demain un autre, exposant son infanterie sans la faire soutenir, faisant abattre les chevaux de la cavalerie et de l'artillerie, alors que la place n'était pas épuisée de vivres, imposant enfin par la perfidie, aux héroïques Messins et à notre vaillante armée, la honte d'une reddition à merci !

Déjà l'histoire commence à soulever un coin du voile qui enveloppe encore cet acte du grand drame de la guerre ; les révélations des nombreux témoins, les lettres particulières ont jeté sur cette page de notre histoire un jour accusateur pour le triste héros de cette infamie.

La colère, l'indignation de la population parisienne ne connurent plus de bornes. « Après Sedan, Metz, » disait-on de toutes parts ; ainsi, le mépris public accouplait Bonaparte et Bazaine, ces deux spécialistes en capitulation.

Jamais peuple n'avait subi de si terribles hontes. Déjà sans doute les deux cent mille Allemands de Frédéric-Charles étaient en marche pour anéantir nos armées de secours, l'armée de la Loire était peut-être déjà menacée, enveloppée, détruite, et Paris demeurait seul debout, entouré par la marée croissante de l'invasion. Que faire ? pensait-on, résister jusqu'à la fin, accomplir son devoir de citoyen, souffrir sans se plaindre, servir de rempart à la nationalité française, être le bouclier de la patrie, voilà quel fut le vœu du

peuple parisien, vœu si mal compris par l'homme chargé des
destinées de la défense ; personne alors n'eût voulu croire
que la France devait faire une troisième chute sur ce cal-
vaire où la Prusse était le bourreau, l'Europe le Ponce-Pilate,
et où les Judas furent en nombre.

Et pourtant l'émotion était de plus en plus profonde dans
les masses, le malentendu s'élargissait chaque jour entre le
gouvernement et le peuple ; les symptômes d'insurrection
imminente se déclaraient dans les plus lointains faubourgs ;
on parlait de levée en masse, on menaçait de chasser violemment les mandataires incapables ou indignes. Le soir de ce
jour néfaste, les clubs fermentèrent, la ville entière fut en
proie à la plus vive agitation, la Commune, un instant endormie, se dressa de nouveau.

Dès le 28 octobre, Ledru-Rollin, dans une réunion publique qui avait lieu rue Aumaire, souleva cette question volca-
nique devant un immense auditoire : « Je me rappelle,
s'écria-t-il, avec une éloquence entraînante, que c'est la
grande Commune qui a sauvé de l'étranger le sol sacré de
la patrie. Lyon l'a déjà instituée ; resterez-vous en arrière
de Lyon, vous, Parisiens, qui avez toujours marché à la tête
de la Révolution ? Ne ferez-vous pas ce qu'a fait Lyon ?
Vous le ferez, vous le ferez ! vous êtes décidés à user de
votre droit, à vous donner une Commune ! vous nomme-
rez la Commune de Paris !... » Et, rappelant que le Gouvernement, après avoir promis les élections, les avait
ajournées : « A ce décret, citoyens, ajoutait-il, il faut
répondre par l'exercice de votre droit. Pour ce droit pratique, vous n'aurez recours qu'aux moyens les plus pacifiques, car aujourd'hui tout notre sang appartient à la France.
Certes, il se trouvera bien un maire républicain qui, com-
prenant votre droit, ouvrira le scrutin et laissera faire les
élections par sections. Les autres maires s'empresseront de
suivre ce salutaire exemple..... Si vous croyez que la Commune doive donner plus de force pour balayer l'insolent

étranger qui nous menace, insistez, agissez, votez ! Nous
serons dignes de nos pères ; nous ferons notre devoir en imi-
tant ce grand peuple et cette grande Commune de Paris qui,
en 92, ont sauvé la France et préparé la République. »

A peine l'orateur eut-il cessé de parler que la salle entière
s'emplit du cri de : Vive la Commune ! les applaudissements
se mêlaient au bruit des voix. La parole ardente du tribun
avait jeté sa flamme dans les cœurs, on s'exhortait à revendi-
quer pour la ville le droit communal, on se disait que là sans
doute était le salut de tous, parce que là était la plus sûre
garantie contre les lenteurs et l'inertie funeste de la défense.
Il fallait un contrôle à cette oligarchie du 4 septembre, nommée par acclamation, il fallait des mandataires régulière-
ment élus et assez nombreux pour pouvoir assumer entièrement la tâche de la défense extérieure et de l'administration intérieure, tâche qui écrasait de son poids les membres du gouvernement.

Je n'examine point ici, si au fond de certaines idées
sociales qui reparaissent obstinément à certaines époques à
la surface des foules, il n'y a pas toujours un germe fécond
pour l'avenir ; les infamies qui viennent de se commettre au
nom de la Commune ont déshonoré son drapeau, mais l'idée
reste et s'imposera tôt ou tard à la conscience des honnêtes
gens. Au fond elle est décentralisatrice, elle est destinée à
appeler sur la province la vie politique, c'est-à-dire à l'éten-
dre sur toutes nos communes, que la centralisation administrative laisse s'engourdir dans une éternelle minorité.

Mais reprenons simplement l'exposé rapide des faits tels
qu'ils nous ont frappé au 31 octobre.

III.

Dès le matin, des groupes nombreux se pressaient dans les rues, notamment rue de Rivoli, devant l'hôtel du gouverneur de Paris. On discutait passionnément les questions à l'ordre du jour : l'armistice et la Commune. Les partisans de la Commune repoussaient violemment toute idée d'armistice, ils soupçonnaient un piége dans ces négociations, dont Bismarck amusait nos négociateurs. Tous les yeux, tous les visages se tournaient avidement vers les deux affiches qui annonçaient les deux mauvaises nouvelles de la capitulation de Metz et de l'échec du Bourget.....

Peu à peu la foule grossit, les groupes se soudent les uns aux autres, et bientôt la rue n'est plus qu'un long torrent humain qui s'écoule tumultueusement vers l'Hôtel-de-Ville.

On crie : Vive la Commune ! A bas Trochu !

A midi arrivent plusieurs compagnies de la garde nationale. Les gardes nationaux sont sans armes ; ils se massent devant la grande porte de l'Hôtel-de-Ville. Autour d'eux, la foule, de plus en plus compacte, se referme.

Etienne Arago paraît et essaie en vain de haranguer la foule. Floquet parvient à faire entendre ces quelques paroles :

« Citoyens, le temps des atermoiements est passé, il faut agir. La municipalité de Paris est disposée à se retremper dans le suffrage universel.

» Vive la République ! »

La foule répète ce cri. Les groupes les plus rapprochés de l'Hôtel-de-Ville essaient de pénétrer dans l'édifice. Vers une heure et demie, ils réussissent à entrer sous la voûte.

Un homme porte un écriteau sur lequel on lit : « Pas d'armistice ! résistance à mort ! »

La cour d'honneur est envahie.

Trochu, debout sur les marches, est entouré de mobiles en armes. Il demande le silence. Les cris de : A bas Trochu ! retentissent de nouveau. Enfin, il réussit à prononcer ce discours, souvent interrompu par de menaçantes clameurs :

« Voulez-vous entendre un homme qui a voué sa vie à la défense de la patrie ?

» Que demandez-vous ?

» Nous croyons avoir fait le possible et réparé déjà en grande partie les fautes du gouvernement déchu.

» Quand nous sommes arrivés au gouvernement, l'état de Paris était tel que l'ennemi eût pu s'en rendre maître en quarante-huit heures.

» A l'heure qu'il est, nous pouvons le dire avec certitude, la ville de Paris est imprenable.

» Mais il ne suffit pas que l'ennemi n'entre pas, il faut le chasser, le battre. Pour cela, nous avons besoin non seulement de toutes vos forces et de votre patriotisme réunis, il faut encore l'union de tous.....

» Nous faisons, sachez-le bien, les plus grands efforts, les plus énergiques efforts. Nous transformons sans relâche les vieilles armes en armes à tir rapide.

» J'y passe ma vie !

» Nul plus que moi n'est dévoué au salut commun, et nul ne veut davantage une guerre sans merci, une guerre à outrance. »

Monsieur Jules Simon succède au général Trochu, mais n'est guère plus écouté, et bientôt tous deux rentrent dans l'Hôtel-de-Ville et montent dans la salle du Trône. Ils venaient à peine d'entrer dans l'immense salle, qu'une détonation retentit au dehors ; une balle de revolver traverse une croisée et va s'aplatir sur le mur, à quelques pouces de la tête du général Trochu.

Un grand tumulte s'élève à ce moment ; la foule, sans cesse accrue par les torrents d'hommes armés qui débouchent par la rue de Rivoli, par les quais, par les rues étroites qui descendent des faubourgs, fait pression sur la porte centrale de l'Hôtel-de-Ville. La porte massive plie sous le poids de cette masse humaine. Tout-à-coup elle cède, et la marée populaire se précipite dans l'immense édifice.

A cet instant, les rues voisines de la place du palais municipal avaient l'aspect sombre des jours d'émeute. Les maisons étaient closes. Çà et là, par quelque fenêtre timidement entr'ouverte, passait une tête de femme effarée ; de loin en loin, une boutique entrebaillée laissait voir dans le demi-jour des vitrines des visages anxieux qui regardaient la rue. La rue était grondante ! elle ; les bataillons défilaient la crosse en l'air. Par instant, un long murmure traversait l'espace ; c'était comme le bruit soudain des rafales marines dans nos forêts bretonnes.....

Tandis que ces choses se passaient à l'extérieur, les maires et adjoints des vingt arrondissements délibéraient dans la salle du conseil et, après délibération, rendaient la déclaration suivante :

« Pas d'armistice !

» Le citoyen Dorian est nommé président du gouvernement provisoire de la défense nationale.

» Les élections de la Commune auront lieu dans les quarante-huit heures. »

Le gouvernement se compose des citoyens dont les noms suivent :

Dorian ;	Blanqui ;
Louis Blanc ;	Flourens ;
Félix Pyat ;	Delescluze.
Victor Hugo ;	

La déclaration venait d'être rendue, quand la porte de la salle s'ouvre violemment ; la foule se précipite à l'intérieur avec une telle force, que plusieurs personnes roulent suffoquées sur le parquet.

En même temps la salle du Trône est également envahie,

et à travers le tumulte se dégagent les trois propositions suivantes :

1°. Déchéance du gouvernement de la Défense, déclaré traître à la patrie ;

2°. Levée en masse et refus de tout armistice ;

3°. Etablissement de la Commune.

Puis on procède à l'élection des membres de la Commune. On forme des listes de candidats, on écrit à la hâte des noms en faveur sur des feuilles volantes qu'on jette par les fenêtres et que le vent se charge de porter à la foule. Rochefort veut parler, mais son titre de membre du gouvernement l'a fait tomber dans la disgrâce des communalistes; sa voix est couverte par les murmures.

Enfin la liste suivante est soumise au peuple :

Dorian ;   Ledru-Rollin ;
Blanqui ;   Verdure;
Delescluze ;   Schœlcher ;
Louis Blanc ;   Joigneaux ;
Félix Pyat ;   Greppo ;
Bonvalet ;   Martin-Bernard.

Pendant que ces événements se passaient dans la salle du Trône, les membres de la Défense Nationale : MM. Trochu, Jules Favre, Garnier-Pagès, Jules Simon, Jules Ferry, Tamisier, étaient réunis dans le salon du gouvernement, à l'angle du quai. Il était deux heures. Une nombreuse députation fit demander à être introduite. Elle se composait d'une centaine de personnes précédées de MM. Maurice Joly, Chassin et Lefrançais.

Monsieur Jules Favre se lève ; il est très pâle :

« Vous voulez, dit-il, détruire l'œuvre du 4 septembre ; vous êtes le parti de la violence.... »

De violents murmures l'interrompent ; il se rassied. Acclamé par les assistants, Monsieur Dorian refuse le poste qu'on lui offre ; il prononce quelques paroles pour expliquer son refus.

Tout-à-coup, l'inévitable Flourens entre dans la salle, coiffé d'un képi à sept galons et chaussé de bottes à l'écuyère.

Flourens apporte et propose une nouvelle liste de gouvernants. Trochu, très pâle, murmure tout bas : — « C'est la fin de la France ! »

Jules Simon trace des dessins sur la table. Jules Favre demeure calme en présence des canons de revolvers qui par instants surgissent du sein de la foule et se tournent vers les membres de la Défense.

Seul, Ernest Picard s'est esquivé. Il envoie des ordres aux bataillons fidèles, et dépêche une estafette au général Ducrot.

A huit heures du soir, la générale bat dans tous les quartiers, les bataillons fidèles au gouvernement se rassemblent. Le 106ᵉ arrive le premier ; un garde d'une taille herculéenne s'empare du général Trochu , lui enlève son képi galonné d'or, lui met sur la tête un képi de simple garde national et l'entraîne.

En même temps, un bataillon de mobiles du Finistère pénétrait dans l'Hôtel-de-Ville par un souterrain. Vers deux heures de la nuit, le gouverneur de Paris put passer devant le front des troupes. La Commune était vaincue. Les bataillons acclamèrent le général, puis, lentement, se dispersèrent. La place demeura occupée par trois bataillons de mobiles.

Le lendemain, Paris en s'éveillant put lire l'affiche suivante, collée aux murs des mairies :

« MAIRIE DE PARIS.

» Citoyens,

» Aujourd'hui, à une heure, les maires provisoires des vingt arrondissements de Paris, réunis à l'Hôtel-de-Ville de Paris, ont déclaré à l'unanimité que, dans les circonstances actuelles *et dans l'intérêt du salut national*, il est indispensable de procéder immédiatement aux élections municipales.

» Les événements de la journée rendent tout - à - fait

urgente la constitution d'un pouvoir municipal autour duquel tous les républicains puissent se rallier.

» En conséquence, les électeurs sont convoqués pour demain mardi 1er novembre, dans leurs sections électorales, à midi.

» Chaque arrondissement nommera, au scrutin de liste, quatre représentants.

» Les maires de Paris sont chargés de l'exécution du présent arrêté.

» La garde nationale est chargée de veiller à la liberté de l'élection.

» Vive la République !

» Fait à l'Hôtel-de-Ville, le 31 octobre 1870.

» *Le Président de la Commission des Elections,*
» DORIAN.
» *Le Vice - Président,*
» SCHŒLCHER.
» *Le Maire de Paris,*
» Etienne ARAGO.
» *Les Adjoints au Maire de Paris,*
» CH. FLOQUET, CH. HÉRISSON, H. BRISSON, CLAMAGERAN. »

Quelques heures plus tard, une autre affiche avertissait les électeurs de ne tenir nul compte de la première ; le gouvernement, étant demeuré victorieux, avait de nouveau repris la résolution de repousser toute idée de Commune.

Le même jour, Rochefort, las de partager la responsabilité d'actes qu'il ne pouvait approuver, donna sa démission pour rentrer bientôt dans sa véritable sphère : le journalisme.

Le 2 novembre, il y eut foule aux portes des Mairies. Les gouvernants issus du 4 septembre appelaient la population de Paris à voter sur cette question :

La population de Paris maintient-elle, *oui* ou *non*, les pouvoirs du gouvernement de la Défense Nationale ?

Le peu de confiance que nous inspiraient généralement

les turbulents défenseurs de la Commune donna une grande victoire. morale à leurs adversaires.

Quelques jours plus tard, l'armistice tacite qui environnait les négociations était rompu et le canon reprenait la parole, à la plus grande joie des partisans de la Commune, qui craignaient que l'armistice ne fût qu'une capitulation déguisée.

L'astucieux chancelier d'Allemagne avait d'abord paru accéder aux propositions que Monsieur Thiers était venu lui présenter à Versailles, puis, tout-à-coup, il avait déclaré ne pouvoir admettre le ravitaillement de Paris durant l'armistice. C'était nous refuser à nous, assiégés, notre part légitime à la suspension d'armes, car étant donné le système adopté par les généraux prussiens, lequel consistait à réduire Paris par la famine, ne pas ouvrir la porte au ravitaillement de la ville assiégée durant l'armistice, c'était en réalité opposer à l'armistice même un refus catégorique.

Il y eut dans la population bourgeoise de Paris un court moment de lassitude ; à cette nouvelle, le souffle de la paix espérée avait détendu les énergies, la Province ne se levait pas, la France nous abandonnait, on le croyait du moins ; un article d'Edmond About fut à cet instant l'expression du vague découragement qui posséda nos cœurs durant deux jours.

« Paris, disait Edmond About, est aussi incapable de se sauver seul que Metz, Toul et Strasbourg. Souvenez-vous que Metz était une ville imprenable, autrement forte que Paris, défendue par 100,000 soldats, les meilleurs de la France.....

» Les Prussiens n'ont pas pris Metz, ils ne l'ont pas même assiégé ; ils n'ont pas logé un boulet de canon dans ses remparts ; ils ont bloqué la ville et l'ont réduite par la famine, et c'est ainsi qu'ils comptent s'emparer de Paris.

. . . .

» Il n'y a pas un militaire assez aveuglé par l'orgueil national pour dire que Paris peut sauver la France, si la France

n'accourt pas en masse au devant de Paris ; 200,000 hommes
de bonnes troupes sur les derrières de l'ennemi rendraient
la victoire possible, sinon facile ; mais ces 200,000 hommes
n'existent pas chez nous, et toute la bonne volonté du monde
ne saurait les improviser eu un mois. Or, dans un mois,
Paris manquera de bien des choses. »

Cet article souleva nombre de discussions, beaucoup d'entre nous pensaient tout bas que l'auteur de l'article avait
raison, mais tout le monde avouait qu'on devait se défendre
jusqu'au bout. Le mot seul de capitulation faisait monter le
rouge au front du moindre enfant de Paris. Bientôt la nouvelle de la victoire d'Orléans devait ramener parmi nous
l'espoir de la vengeance.

CLUBS. — THÉATRES. — AMBULANCES.

I.

Dans une ville comme Paris , les clubs eussent dû ne pas s'écarter des bornes de la discussion libre et digne. Il n'en était pas toujours ainsi ; plusieurs vécurent ce que vivent les roses , d'autres se perdirent en vaines controverses , quelques-uns enfin périrent , faute d'orateurs. Le premier ouvert fut la Patrie en Danger , situé rue d'Arras ; ensuite furent fondés les clubs de Belleville, de la Cour des Miracles, de l'Elysée Montmartre, de la Délivrance, de la Résistance, de la Vengeance, etc. Les deux plus en vogue furent celui de la Porte Saint-Martin et celui des Folies-Bergères.

Ce dernier avait une physionomie à part. Son voisinage du boulevard lui communiquait cette verve railleuse qui est essentiellement parisienne. On y venait avec le parti pris de *blaguer l'orateur*, et malheur au malencontreux improvisateur qui donnait l'essor à quelque phrase équivoque, les quolibets tombaient des galeries ou partaient des fauteuils d'orchestre avec un ensemble terrible, c'était un fracas de rires, de murmures, d'interpellations, d'applaudissements ironiques au milieu desquels la voix de l'orateur se perdait comme l'appel inutile d'un naufragé, tandis qu'on distinguait à peine la sonnette du président qui tintait désespérément, comme une cloche de sauvetage dans la tourmente.

Que de fois j'ai assisté dans ces réunions, souvent trop peu sérieuses, à des scènes du plus haut comique !

Un soir, j'eus le bonheur d'entendre un discours de l'immortel Gagne, cette européenne célébrité parmi les grotesques. L'archi-orateur venait plaider pour *la manducation de l'homme par l'homme.* Ce fut avec une sorte d'atten-

6ᵉ livraison.

tion railleuse qu'on l'écouta durant cinq minutes. Puis tout-
à-coup, de tous les points de la salle s'éleva un tonnerre
de bravos, d'applaudissements, de trépignements qui couvrit
sa voix. Plusieurs fois, il essaya de reprendre la parole, il
se promenait avec une agitation convulsive d'un bout à
l'autre de la scène, ses longs cheveux blancs épars sur ses
épaules, sa longue barbe orageuse, ses longs bras qui se
perdaient dans le vide en gestes bizarres, augmentaient
l'hilarité de l'auditoire ; à peine pouvait-il placer, çà et là,
quelques bribes de sa théorie archi-humanitaire. Enfin, le
président l'invita poliment à céder la place.

Une autre fois, dans un autre club, un de nos compa-
triotes, arrivant à la tribune, crut se rendre intéressant par
un exorde qui fut du reste fort bref : il prit successivement
la carafe classique et le verre d'eau sucrée, avala coup sur
coup trois grands verres et dit :

— Permettez que je trempe mes lèvres.....

Ce fut tout. Un Gavroche laissa tomber du paradis le
fameux refrain de Thérésa :

« Il a liché toute la carafe, » etc.

On applaudit à outrance. Le malheureux orateur eut le
mauvais goût de se fâcher et d'invectiver l'auditoire ; force
lui fut de descendre de la tribune.

Par exemple, ce public si parfaitement intolérant pour les
personnalités prétentieuses ou bouffonnes, prètait une oreille
attentive aux discussions sérieuses, lors même que la forme
de la discussion révélait l'inexpérience du langage. Plusieurs
fois j'ai entendu des étrangers tout-à-fait inhabiles dans
l'art de manier la phrase française, ou même des hommes du
peuple sans habitude de la forme oratoire, se faire écouter
longuement, pourvu qu'ils apportassent à notre attention
la pâture d'une idée neuve.

Les principaux orateurs du club des Folies - Bergères
étaient Chabert, qui vient d'être arrêté, et qui possédait une
certaine énergie d'expression et de pensée ; Lermina, qui se

précipitait dans la discussion comme un officier de cavalerie
dans la mêlée ; puis Falcet ; puis Beaurepaire. A ce dernier,
je dois une mention spéciale. Il descendait en ligne directe de
cet héroïque Baurepaire qui se fit sauter la cervelle à Verdun
sous la première République, plutôt que de rendre la place
aux Prussiens. Il prêchait à cette époque dans tous les clubs
de Paris une sorte de croisade *pour la trouée.* Il avait
demandé au gouverneur de Paris la permission de réunir
12,000 hommes déterminés et s'offrait à traverser les lignes
ennemies avec sa troupe pour harceler par une guerre de
partisans sans merci les derrières de l'armée ennemie. L'auto-
risation lui fut accordée par le général Trochu. Beaurepaire,
qui, du reste, avait fait ses preuves ailleurs que dans les
clubs, passa plusieurs semaines à rassembler ses volontaires.
Il avait un art singulier pour attirer la sympathie des foules :
sa voix entraînante, sa figure loyale et énergique, et, par-
dessus tout, l'ardent patriotisme qui animait ses haran-
gues, lui gagnaient rapidement les convictions. Il se faisait
accompagner à la tribune d'un petit canon à bras, d'une
manœuvre fort simple, et que le comité d'artillerie lui-même
avait jugé digne d'examen.

Ce Krupp en miniature, se chargeant par la culasse, et
qu'un seul homme pouvait transporter, avait une portée
moyenne de 6,000 mètres. Sa grande portée atteignait
8,000 mètres.

Il devait servir de laissez-passer à cette généreuse phalange.

Beaurepaire trouva facilement 12,000 hommes décidés à
risquer leur vie avec lui pour franchir ces lignes que l'on
jugeait infranchissables dans les cercles militaires. Mais le
gouverneur de Paris était promptement revenu sur sa décision première. Il défendit à Beaurepaire de poursuivre plus
longtemps la réalisation de son projet.

Le club de la Porte Saint-Martin était l'un des plus graves.
Il avait un aspect bourgeois. On n'y troublait guère l'ora-

teur. Le bruit des toux y remplaçait le bruit des rires. Les dames y venaient. On y voyait beaucoup de lunettes et de rubans rouges. Le bureau était assis en demi-cercle au fond de la scène, sur des fauteuils de velours cramoisi. Monsieur Desmarets, un bon vieillard qui ressemble singulièrement au peintre Isabey, qui est maire et qui doit être décoré, en était le président ; fort amusant du reste quand il ne faisait pas de discours : un petit homme tout rond, semé de petites pointes.

A ce club parlaient souvent le fameux Coquerel et aussi de Pressenssé, pasteurs protestants, doués d'une éloquence distinguée ; l'avocat Leberquier, un parleur doublé d'un penseur ; Colfavru, un proscrit du Deux Décembre, qui trouva dans l'île de Jersey un long refuge et de nombreux compagnons d'exil parmi les victimes de Bonaparte. Sa parole vibrante et forte était pleine de chaleur et de mouvements oratoires.

Un soir, j'eus le bonheur d'entendre à la Porte Saint-Martin ce généreux Cernuschi, dont le nom se lie glorieusement aux souvenirs plébiscitaires. Ce fut lui qui donna un jour cent mille francs pour favoriser la propagande républicaine lors du plébiscite, et fut chassé de France pour ce don patriotique.

Il prit du reste une noble vengeance. A peine de retour en Italie, il envoya à Paris une nouvelle somme de cent mille francs qui devait être consacrée au même but que la première.

Au club de la Porte Saint - Martin, Cernuschi eut un immense succès : il parlait difficilement et parfois luttait péniblement avec l'expression ; mais sa pensée, toujours victorieuse, se répandait en saillies pleines d'une verve originale et puissante.

En résumé, certains clubs produisirent indirectement beaucoup de bien. Ils eurent, comme les journaux, une influence moralisatrice, en ce sens qu'ils rassemblèrent les citoyens dans une communion quotidienne d'idées et relevèrent l'esprit public de ses courtes défaillances, grâce à cette électricité généreuse qui se dégage des foules éclairées.

II.

Vers le commencement du siége, un ordre de police avait fermé les théâtres. Au bout d'un silence assez prolongé, plusieurs directeurs, encouragés par l'approbation tacite du public parisien, et surtout par les plaidoyers quotidiens d'un assez grand nombre de journaux, pour la réouverture des salles de spectacle, se risquèrent à entrebailler leurs portes. Pour couvrir l'inconvenance de plaisirs publics en ce temps de deuil général, on afficha les représentations sous le couvert d'une bonne œuvre ; les blessés, les orphelins, les cantines municipales en profitèrent ; puis la question des canons ayant monté toutes les têtes, on donna des concerts et des spectacles pour la fonte d'une artillerie nouvelle. Pasdeloup, le premier, avait rouvert les concerts populaires le 23 octobre.

L'orchestre joua la symphonie en *la* de Beethoven. La salle était comble. Tous les hommes étaient en uniforme, même les musiciens ; les femmes étaient vêtues de noir. On pouvait distinguer quelques prêtres sur les gradins. Tout ce public intelligent et enthousiaste était grave ; le recueillement des âmes donnait aux visages une expression austère ; beaucoup parmi les assistants s'attendaient à voir prochainement la mort face à face, presque tous avaient vu se produire de grands vides dans le cercle de leurs affections, l'incertitude et le doute planaient sur l'avenir, le glas des espérances avait sonné dans les cœurs... Aussi, combien douloureux fut l'effet de cette phrase poignante de l'*andante !* Il sembla qu'un crêpe morne se fût étendu sur l'enceinte, et toute cette foule sombre parut porter le deuil de quelqu'un de cher. Hélas ! nous portions tous en effet le deuil d'une morte : la Patrie.

Deux jours plus tard, le Théâtre Français rouvrait ses portes.

Legouvé obtint un réel succès dans une conférence dont le sujet était : *L'Alimentation Morale de Paris assiégé.*

Une pièce de vers de M. Bergerat (*les Cuirassiers de Reischoffen*) enleva les bravos de l'auditoire. Les vers nerveux et imagés du jeune poète, la passion patriotique que respirent ces strophes d'une hardiesse magistrale de trait et d'une fière et noble allure, l'originalité de sa forme vivante, qui contraste puissamment avec l'école parnassienne, grande aussi, mais pétrifiée dans sa grandeur comme les stalactites de certaines grottes, lui valurent dès le premier jour une large place dans la pléiade poétique de nos contemporains.

Ces représentations avaient, comme les concerts du Cirque, un remarquable cachet d'austérité. Même aux avant-scènes, les femmes venaient en robes montantes ; du reste, l'élément militaire dominait dans les séances diurnes. Les boutons des uniformes brillaient çà et là au fond des loges attristées. Les lustres à pétrole ne versaient qu'une demi-lumière. Çà et là, des collégiens en uniformes écoutaient, attentifs aux premières impressions de la poésie Dans la grande avant-scène, les blessés convalescents assistaient au spectacle ; on s'attendrissait à voir ces jeunes visages, pâlis par les nuits fiévreuses, ces fronts ceints de linges tutélaires, ces bras en écharpe, tandis que sur la scène l'acteur débitait en uniforme de garde national quelque ode de circonstance, et que non loin de nous le canon grondait, l'obus meurtrier sifflait dans l'espace et se hâtait dans sa route funèbre pour faire de nouvelles victimes.

A cette époque, il y eut comme un renouveau poétique. La chute de l'Empire, et par-dessus tout le cataclysme qui, secouant l'arbre social, faisait prendre l'essor aux nobles passions, amenèrent un retour complet et rapide de l'esprit

public vers le beau et vers le bien ; on oublia pour longtemps les exhibitions scandaleuses de l'époque impériale, la
musique d'Offenbach, les cascades de l'Œil Crevé, et le
décolleté complaisamment obscène des opérettes à maillots.

Les poètes de l'Empire eux-mêmes, les Coppée, les Catulle
Mendès embouchèrent le clairon. Mendès revint des bords
du Gange pour nous conter en vers la Colère d'un Franc-
Tireur. Le poète du Passant écrivit tout exprès pour nous
sa charmante Lettre d'un Mobile Breton, dont je ne puis
m'empêcher de transcrire ici quelques extraits :

LETTRE D'UN MOBILE BRETON.

Maman, et toi, vieux père, et toi, ma sœur mignonne,
Ce soir, en attendant que le couvre-feu sonne,
Je mets la plume en main pour vous dire comment
Je pense tous les jours à tous bien tendrement ;
Très tristement aussi, malgré toute espérance,
Car, bien qu'ayant juré de mourir pour la France,
Et certain que je suis d'accomplir mon devoir,
Je ne puis pas songer au pays sans revoir
La maison, le buffet et ses vaisselles peintes,
La table, le poiré qui mousse dans les pintes,
. . . .
Et papa, qui, pensant que je manque au souper,
Fait sa croix sur le pain avant de le couper.
Laissons cela. D'ailleurs , je reviendrai peut-être.
— Donc, nous sommes campés sous le fort de Bicêtre,
Avec Monsieur le Comte et tous ceux de chez nous ;
Je vous écris ceci mon sac sur les genoux,
Sous la tente, et le vent fait trembler la chandelle.
Bicêtre est une sombre et forte citadelle,
Où des Bretons marins, — de rudes compagnons ! —
Dorment dans le caban, auprès de leurs canons,
Tout comme sur un brick, à l'ancre dans la rade.
Aussi j'ai trouvé là plus d'un bon camarade
Parti depuis longtemps entre le ciel et l'eau,

Car Saint-Servan n'est pas bien loin de Saint-Malo,
Et nous avons vidé quelquefois un plein verre.
Mon bataillon était de la dernière affaire,
A preuve que Noël, le cadet du sonneur,
Comme on dit à Paris, est mort au champ d'honneur.
Il avait un éclat de bombe dans la cuisse :
Il saignait ; il criait. Je ne crois pas qu'on puisse
Voir cela sans horreur, et chacun étouffait ;
Mais nos vieux officiers prétendent qu'on s'y fait.
. . . .
— Nous avons traversé Paris : il m'a fait peur ;
Puis nous l'avons trouvé dans la grande stupeur,
Sombre et lisant tout haut les journaux dans les rues.
Huit jours, les habitants logèrent les recrues ;
Nous étions Pierre et moi chez des bourgeois cossus,
Où nous fûmes assez honnêtement reçus.
Pourtant j'étais d'abord chez eux mal à mon aise,
Et je restais assis sur le bord de ma chaise,
Confus de l'embarras où nous les avions mis ;
Mais leurs petits enfants devinrent nos amis ;
Ils riaient avec nous, jouaient avec nos armes,
Et couvraient, les démons, de leurs joyeux vacarmes,
Le bruit que nous faisions avec nos gros souliers.
Bref, nous sommes partis bien réconciliés,
Et les jours de congé nous leur faisons visite....
— Allons, il faut finir cette lettre au plus vite,
Car le clairon au loin jette ses sons cuivrés.
Je ne sais pas encor si vous la recevrez,
Mais je suis bien content d'avoir suivi l'école :
Grâce au savoir, qu'on raille au pays agricole,
Me voilà caporal avec un beau galon,
Et puis, je vous écris ces mots par le ballon !
Maintenant, au revoir, chers parents, je l'espère,
Si je ne reviens pas, ô ma mère et mon père !
Songez que votre fils est mort en défenseur
De notre pauvre France. Et toi, mignonne sœur,
Quand tu rencontreras Yvonne à la fontaine,
Dis-lui bien que je l'aime, et qu'elle soit certaine
Que, dans ce grand Paris, effrayant et moqueur,

Je suis toujours le sien et lui garde mon cœur.
Baise ses cheveux blonds, fais-lui la confidence
Que j'ai peur du grand gars qui lui parle à la danse ;
Dis-lui qu'elle soit calme, et garde le logis,
Et que je ne veux pas trouver ses yeux rougis.
— Adieu. Voici pour vous ma tendresse suprême,
Et je signe en pleurant.... « Votre enfant qui vous aime. »

Parmi les pièces de vers qui se récitaient alors dans les théâtres, je citerai *le Maître d'École*, un chef-d'œuvre tour à tour empreint de sentiments délicats et d'images grandioses, des vers de bronze non surchargés de ces ornements multiples et bizarres qu'aime la nouvelle école, mais semés de ciselures fines et ménagées, et puis nerveux, énergiques, des vers qui se tiennent debout.

Puis, les strophes prophétiques des *Châtiments*, qui se récitaient un peu partout, même au Théâtre Français. Coquelin prêta sa voix claire et mordante à cette mâle et sanglante satire intitulée : *Paroles d'un Conservateur à propos d'un Perturbateur.*

Au théâtre de la Porte Saint-Martin, des soirées spéciales furent consacrées à l'interprétation des *Châtiments*. Mademoiselle Favart récita *Stella;* Berton fit frémir toute la salle avec les vers de *l'Expiation;* Frédérick Lemaître retrouva quelques-uns de ses anciens accents dramatiques pour nous tirer des larmes, avec ce navrant récit d'*une Nuit de Décembre*, où une pauvre vieille grand'-mère raconte en pleurant que les soldats de Bonaparte ont tué son petit-fils, un enfant de huit ans !

On sortit même alors de *la poésie politique*, si je puis allier deux mots qui semblent s'exclure, pour entrer dans le domaine de la poésie pure. C'est ainsi que nous pûmes entendre Madame Victoria Lafontaine prêter son organe plein de caresses à ce récit si simple et si vrai, intitulé : *le Revenant*, où le plus grand poète lyrique de notre époque et de notre pays prodigue ces exquises merveilles de sentiment

et de tendresse pour l'enfant, qui sont une des cordes multiples de son talent génial.

Une autre pièce, qui fut alors récitée par Got, avec l'art
de diction qui distingue ce prodigieux acteur, ce fut *le Cra-
paud,* titre répulsif, mais où le poète enveloppe dans une
fable une peinture d'un réalisme émouvant.

La faveur dont la poésie ressuscitée fut entourée par le
public donna l'idée à Mendès et à toute l'école de Leconte
de Lisle de faire pour la poésie contemporaine ce que Pasdeloup avait fait pour la musique classique. On inaugura
aux Bouffes-Parisiens des séances poétiques populaires.
Malheureusement, le prix relativement élevé des places,
dans ce temps de misère générale, fit mentir le titre de ces
sortes de réunions ; le peuple des travailleurs fut contraint
de s'en abstenir.

Il y eut aussi une autre sorte de divertissement littéraire :
ce fut l'interprétation des pièces classiques, avec conférence
sur la pièce, par un conférencier en vogue.

J'ai assisté à une de ces matinées littéraires. Francisque
Sarcey analysait *le Cid,* de Corneille. Il parla politique, il
parla des Prussiens, il parla de tout, excepté de la pièce, il
s'empêtra dans son sujet, au point de ne plus pouvoir s'en
tirer. Quant à la pièce, elle fut indignement jouée ; seul, le
rôle de don Diége fut à peu près rempli par Dumaine ; les
autres rôles furent parodiés de la façon la plus ridiculement
bouffonne.

Il n'en était pas ainsi du répertoire de Molière, à la
Comédie-Française. MM. Leroux, Talbot, Coquelin et Got,
Mesdames Victoria Lafontaine et Madeleine Brohan rivalisaient de talent dans l'interprétation de ces scènes toujours
vraies, où reparaissent souvent les marquis grotesques, les
précieuses ridicules, et Orgon et Tartuffe, ces types éternels !

Pendant le siège, on allait au théâtre pour oublier le
présent. On éprouvait alors une sorte de satisfaction douloureuse à se dire que cette Patrie destinée, peut-être, à

une fin prochaine, laisserait dans le monde une trace lumineuse par l'héritage immortel que légueront à l'humanité ses poètes et ses penseurs. Tantôt on s'exaltait à la Comédie-Française aux scènes si profondément observées de Molière ou de Beaumarchais ; tantôt on entonnait à l'unisson les couplets vengeurs de *la Marseillaise*, au Grand-Opéra. La salle entière frémissait, la foule se levait, en proie à l'entraînement indicible des strophes républicaines ; tous les fronts étaient découverts, car l'âme de la France respirait encore dans les masses.

III.

Les théâtres n'étaient pas exclusivement consacrés à ces plaisirs un peu sévères dont je viens de donner une idée. Les foyers étaient presque toujours convertis en ambulances. Le contraste des douleurs et des plaisirs ainsi réunis sous le même toit, ce voisinage de la mort et du rire avait quelque chose d'étrange.

Théophile Gautier raconte, dans ce style chatoyant que chacun connaît, sa visite aux blessés du Théâtre Français, un jour de représentation :

« En passant par le couloir qui mène de la scène à la salle, nous rencontrâmes deux religieuses, deux sœurs hospitalières, dont l'une demandait à l'autre : Où donc est la sœur Madeleine ?

» — Au théâtre du Palais-Royal, répondit la sœur interrogée, du ton le plus naturel du monde.

» Au moment même où passaient les sœurs, débouchait du foyer des acteurs Basile, avec sa longue robe noire, son rabat blanc, et ce bizarre chapeau que les prêtres espagnols portent encore. Il s'effaça contre le mur, saluant de la façon la plus respectueuse. On jouait un acte du *Mariage de Figaro*. C'était un pur hasard, vous le pensez bien. Mais

n'accuserait-on pas d'invraisemblance un auteur qui risque-
rait un tel contraste ? Quelle série étrange d'événements
vertigineux n'a-t-il pas fallu pour faire se coudoyer le Basile
de Beaumarchais et de vraies religieuses, dans un couloir
de la Comédie-Française ! La chanson de Béranger, *l'Ac-
trice et la Sœur de Charité*, nous revenait en mémoire ;
mais ici la réalité est au-dessus de l'invention, car ce n'est
pas dans l'autre monde que la rencontre a lieu.

» Rien de plus convenable et de plus décent que les rapports des comédiennes et des religieuses.

» Les artistes de la Comédie-Française sont de vraies
Dames, et elles ont pour ces saintes filles la vénération qui
leur est due et qu'elles méritent si bien....

» Au retour, nous ne retrouvions plus notre route. Des
corridors, des couloirs, des passages avaient été barrés pour
séparer l'ambulance du théâtre, et nous fûmes obligés de
demander notre chemin à une sœur, qui nous remit avec
beaucoup d'obligeance dans la bonne voie, et nous accompa-
gna jusqu'à la dernière porte. Un feuilletoniste ayant pour
Ariane à travers le dédale du Théâtre Français une brave
sœur hospitalière, n'est-ce pas là, comme disaient certains
journaux, un signe des temps ? »

Tous les théâtres présentaient ces étranges et touchantes
anomalies.

Au théâtre de la Porte Saint-Martin, Madame Marie-
Laurent prodiguait aux malheureuses victimes de la guerre
les soins les plus entendus et les plus délicats. Toutes nos
grandes actrices et nos plus charmantes cantatrices s'étaient
transformées en infirmières, et, non contentes de veiller, de
servir, de soigner tendrement leurs malades et leurs blessés, elles offraient aux organisateurs de fêtes de bienfaisance
tout ce qu'elles avaient de talent pour attirer la foule et
remplir la caisse de leurs ambulances.

L'histoire ne dira jamais assez combien nos Parisiennes
se montrèrent dévouées et courageuses durant ce long siége.

Les femmes du monde rivalisèrent de générosité et de charité ; les plus splendides hôtels furent convertis en ambulances, et tous les soins, toutes les chatteries adorables, toutes les tendresses dignes et pures dont le cœur de la femme est si riche, furent versées à profusion sur le malheur et la souffrance.

Il se fonda nombre d'associations parmi lesquelles je citerai celles des sœurs de France. Ce fut M. Emile Barrault qui en fut le fondateur et l'organisateur. Il faisait partie du comité civil de défense, et chaque jour recevait des multitudes de lettres et de projets souvent fort étranges. Un jour, il lui passa par les mains une très chaleureuse et très généreuse missive. La signataire se plaignait qu'on n'eût point encore songé à utiliser, à organiser le dévouement des femmes.

Cette lettre fut un trait de lumière pour M. Emile Barrault. Il se donna de tout cœur à la fondation d'une société laïque de sœurs grises. Les volontaires ne manquèrent pas ; mais il fallait faire un choix. Il fut besoin d'un coup d'œil sûr pour choisir les mères et pour maintenir leur autorité, il fallut établir une discipline doucement inflexible. Les locaux furent fournis par les propriétaires d'immeubles inoccupés, les lits furent prêtés par les voisins.

Le nombre des ambulances s'éleva bientôt à trente, desservies par un grand nombre d'infirmières, les unes déjà âgées, les autres, encore très jeunes, choisies indifféremment dans toutes les classes de la société, toutes animées d'une charité simple et patiente.

Je n'oublierai pas l'association bretonne de secours aux blessés et aux malades. Elle comprenait des membres fondateurs, des donateurs et des visiteurs. Son rôle consistait à aller à la recherche des blessés et des malades bretons dans les nombreuses ambulances parisiennes, à leur porter des consolations et des secours, soit en menue lingerie, soit en tabac, soit seulement en bonnes et amicales paroles. Beaucoup de visiteurs de cette société parlaient l'idiome celtique, et c'était merveille de voir comme le son de la langue maternelle faisait rayonner le visage de nos pauvres mobiles, de ce sourire mélancolique de malade, pâle et terne comme un rayon de soleil d'hiver.

J'ai longtemps été visiteur dans cette société, et j'ai dû assister à de tristes et douloureux spectacles. Jamais il ne m'est arrivé d'entrer dans une de ces vastes salles d'ambulance, de jeter un coup d'œil sur ces longues files de lits de fer, de respirer l'atmosphère lourde et chargée de l'odeur tiède et fade des plaies et des haleines fiévreuses, sans maudire énergiquement les ambitions qui se repaissent de ces douleurs, et les guerres en horreur aux pauvres mères :

Bella que matribus detestata !

Que de malheureux enfants de nos campagnes j'ai pu voir ainsi souffrir et mourir. Comme ils aspiraient à revoir le sol de cette Bretagne qui laisse toujours un souvenir de poësie et de regret à ceux qui la quittent !... Comme ils soupiraient après le seuil déserté des chaumières maternelles ! Hélas ! combien j'en ai vu se faire illusion sur la gravité de leur mal et se bercer de l'espoir doux et trompeur du retour ! que de lettres j'ai écrites pour eux à leurs familles en deuil ! L'un avait reçu une balle dans la cuisse, l'os était brisé en éclats, la moëlle s'était répandue parmi la chair, on l'avait jugé trop faible pour subir l'amputation ; l'infortuné croyait au contraire que sa blessure n'était pas assez grave pour nécessiter l'opération, il comptait sur la guérison ; la gangrène se mit dans sa blessure, il souffrit beaucoup ; on fit venir un prêtre, cela lui fit entrevoir la vérité ; il ne voulait pourtant pas mourir, disait-il, sa mère l'attendait ; il lui avait écrit qu'il reviendrait bientôt, il était si jeune ! vingt ans à peine ! Un jour j'allai pour le voir, il était sur son petit lit de fer, les yeux à demi-fermés, la bouche entr'ouverte et un peu déformée par la dernière angoisse. La pauvre mère l'atten-

drait en vain sur le seuil de la ferme ; quelques gardes nationaux ont accompagné le jeune Breton jusqu'au cimetière.

Un autre avait la fièvre typhoïde, il était le dernier survi-
vant de trois frères, et ses deux aînés l'avaient devancé à
l'armée. Quand sa mère le vit partir, le désespoir s'empara
d'elle, la fièvre la prit. Elle mourut. Je pourrais multiplier
les citations et les détails. Mais les limites de cette publica-
tion seraient largement dépassées.

La charité parisienne se multiplia sous toutes les formes ;
elle suppléa à l'insuffisance et à la déplorable organisation
des services militaires de l'intendance. A chacun selon ses
œuvres : on ne saurait trop louer celle-là, ni trop critiquer
celle-ci. Tandis que sur les champs de bataille nos blessés
restaient sans soins ni secours durant de longues et mortelles
heures, couchés dans la neige ou dans la boue, dans la ville,
ils étaient accueillis par une ingénieuse fraternité. Jamais on
ne donna davantage qu'en ce temps de ruine profonde. L'ambulance du Théâtre Français avait reçu des monceaux de char-
pie, patiemment effilée par des mains aristocratiques. « Quand
le froid se mit à sévir, dit Francisque Sarcey, on n'eut qu'à
mettre un avis dans les journaux, la flanelle, le drap, le mol-
leton tombèrent par avalanches. » Après les grandes batailles
de Villiers et de Champigny, on craignit de manquer de lits
pour les blessés. L'administration n'eut qu'à parler. Vingt
mille demandes affluèrent à la préfecture. Les Parisiennes
se multiplièrent. Je connaissais telle femme d'une haute intelligence qui ne craignait pas de prendre sous sa responsabilité l'administration et la distribution quotidienne de vivres
à deux mille indigents ; telle autre, riche et fort âgée, passait
les jours à visiter les malades et les pauvres.

Ainsi la charité chrétienne et la fraternité républicaine
rivalisaient d'abnégation et de dévouement.

Sur les champs de batailles, le service était fait avec un
zèle fort remarquable et fort remarqué chez nous par les
frères des écoles chrétiennes. Ils surent porter des secours

méthodiques et rapides aux malheureuses victimes de la guerre. Plusieurs périrent, martyrs obscurs de la charité la plus humble et la plus glorieuse.

Je ne terminerai pas ce chapitre sans dire quelques mots des ambulances américaines et aussi de celles de la Presse. Les premières s'étaient installées, avenue de l'Impératrice. Elles avaient l'aspect d'un petit camp. Des tentes surmontées d'oriflammes, et dont la blancheur étincelait au soleil, offraient à l'œil quelque chose d'infiniment moins triste qu'un hôpital ordinaire. On avait creusé en dessous du sol des sortes de caves contenant des calorifères qui donnaient au sol même une chaleur douce. Une ventilation puissante renouvelait constamment l'air, on n'y respirait pas ces émanations d'opium éparses prenant le visiteur à la gorge dans beaucoup d'ambulances particulières. Quant aux remèdes, ils étaient fort simples, l'eau, le quinquina, l'opium, le grand air étaient les seuls agents employés par le médecin en chef, M. Swiburne.

Quant aux ambulances de la Presse, elles perfectionnèrent encore le système américain. Ces ambulances, où la lumière et le soleil inondaient le lit des malades, étaient disposées pour flatter l'œil des patients.

Le docteur Demarquay avait pour principe qu'il faut agir sur le moral des blessés par l'aspect de l'ambulance elle-même ; les baraques étaient en bois peint et présentaient de loin l'apparence de petits chalets suisses. Tout autour, le savant docteur avait fait planter des arbustes pour rompre la monotonie de la plaine.

Au fond de l'ambulance était la salle des morts ; c'était là qu'on ensevelissait les malheureux qui succombaient, là aussi qu'on disséquait les cadavres dont les lésions offraient un intérêt à la science. Pauvres êtres ! avoir vécu, avoir aimé, avoir eu des pensées de gloire, peut-être, pour finir ainsi, tristes molécules humaines, jetées en proie au scalpel avide.

PREMIERS JOURS DE NOVEMBRE. —
BATAILLES DE CHAMPIGNY. — ASPECT INTÉRIEUR
DE LA VILLE PENDANT LA BATAILLE.

I.

Ce que l'initiative privée avait dépensé d'énergie, d'intelligence, de patriotisme pour organiser une artillerie, nul ne pourra le dire : il fallut trouver l'argent, les ouvriers, les machines pour fondre et mouler les pièces ; il fallut entraîner le Gouvernement, qui hésitait à se prononcer entre le comité d'artillerie, présidé par le général Guiod, lequel ne voulait pas admettre de pièces se chargeant par la culasse dans notre artillerie de campagne, et M. Tresca, qui dirigeait les efforts de l'industrie privée, pour introduire le progrès dans notre système d'armement.

L'argent fut entièrement dû aux souscriptions volontaires. Chaque administration tint à honneur d'offrir son canon, chaque bataillon de garde nationale voulut donner un concert dont le bénéfice fût affecté à la fonte d'une pièce d'artillerie. Les journaux ouvrirent des listes populaires de souscription.

Un club réunit la somme nécessaire pour la fonte d'un canon qui fut appelé : *la Populace*. Ce canon, dans l'idée des clubistes, devait être la réponse énergique au mépris témoigné par M. de Bismarck à la population laborieuse de Paris, lors de la fameuse entrevue de Ferrières.

De simples particuliers firent don de batteries entières.

Une seule séance des *Châtiments*, à la Porte Saint-Martin, valut à la défense un canon qui prit le nom de : *Châtiment*.

Les ouvriers se recrutèrent parmi les ouvriers fondeurs,

7º livraison.

ciseleurs en métaux, armuriers, mécaniciens, etc. Ils se
mirent à l'œuvre avec cette intelligence rapide qui caracté-
rise l'ouvrier parisien, et bientôt la fonte, le moulage, le
forage des pièces n'eurent plus de secrets pour eux.

Les ateliers furent fournis par nos grands industriels Cail,
Flaud, Thiébaut, etc. Bientôt les pièces de sept, type nouveau, se chargeant par la culasse, et d'une très grande portée, sortirent par centaines de ces gigantesques labora-
toires. Ces pièces traversaient triomphalement la ville pour
venir défiler devant l'Hôtel-de-Ville, aux applaudissements
de la foule.

En même temps que la fonte des canons, s'opérait la
transformation des anciens fusils. Des affiches en grosses
lettres, placardées dans les salles de travail, invitaient les
ouvriers à pousser activement l'œuvre de transformation.
« Citoyens, songez au salut de la Patrie,. » disaient-elles.

Mais il ne suffisait pas de fondre des canons et de trans-
former des fusils, il fallait organiser ces foules dépourvues
de cohésion, qui s'étaient tant bien que mal divisées par
bataillons inégaux en effectif, en armement, en éléments
jeunes et vigoureux, et qui composaient la garde nationale.
Ainsi tel bataillon comptait 4,000 hommes, tel autre atteignait à peine le chiffre de 700 hommes ; l'un, de récente
formation, ne comprenait guère que des jeunes gens ; l'autre,
soigneusement trié par l'Empire, était presque entièrement
composé de gens établis et pères de famille ; enfin, certains
bataillons étaient fournis d'armes à tir rapide, tandis que la
plupart n'avaient d'autre arme que l'inoffensif piston, bon
derrière les remparts, mais absolument inutile en rase campagne. Pour comble, ces bataillons, successivement formés, à
mesure qu'un zèle plus ou moins actif poussait les citoyens
à se faire inscrire, avaient été composés sans ordre ni
méthode ; tandis qu'un bataillon empruntait ses éléments à
nombre de rues, il arrivait souvent qu'une même rue, une
même maison fournissaient des hommes à dix ou douze

bataillons, en sorte que lorsque le rappel battait dans une rue, toutes les fenêtres s'ouvraient pour interroger le tambour.

— Est-ce le 71ᵉ ? demandait une fenêtre.

— Non, citoyen, disait le tapin, c'est le 260ᵉ.

Tout ce désordre causait des retards, des erreurs, des vides dans les rangs. Mais il est avéré qu'en France l'administration est éminemment routinière, ce qui du reste n'ôte absolument rien au plus incurable désordre.

L'absence de méthode et l'obstination dans la routine, deux vices qui pourtant semblent s'exclure, sont et demeurent les plus terribles agents de nos infortunes.

Le mercredi 9 novembre parut la loi concernant la nouvelle composition des bataillons de la garde nationale.

Voici le texte du décret :

« Art. 1ᵉʳ. — Chaque bataillon de la garde nationale sera composé, suivant son effectif, de huit à dix compagnies.

» Art. 2ᵉ. — Les quatre premières compagnies, dites *compagnies de guerre*, auront chacune un effectif de 100 hommes, cadre compris, dans les bataillons dont l'effectif est de 1,200 hommes et au-dessous, et de 125 hommes, cadre compris, dans les bataillons ayant plus de 1,200 hommes. Ces compagnies seront fournies par les hommes valides des catégories ci-dessous, en suivant l'ordre des catégories et en ne prenant dans l'une d'elles que lorsque la catégorie précédente aura été épuisée :

» 1°. Volontaires de tout âge ;

» 2°. Célibataires ou veufs sans enfants, de 25 à 35 ans ;

» 3°. Célibataires ou veufs sans enfants, de 35 à 45 ans ;

» 4°. Hommes mariés ou pères de famille, de 20 à 35 ans ;

» 5°. Hommes mariés ou pères de famille, de 35 à 45 ans.

» Art. 3. — Les autres compagnies destinées au service de la défense ayant, autant que possible, un effectif uniforme, comprendront le reste du bataillon. Elles constitueront le dépôt et fourniront les hommes nécessaires pour combler les vides faits dans les compagnies de guerre.

Ce décret, dont le moindre défaut est d'être diffus, souleva un grand nombre de réclamations. Il eut le tort énorme de respecter les anciennes formations hâtives, ce qui produisit quelques-unes de ces injustices grossières qui choquent presque autant l'équité que le bon sens. Ainsi, certains bataillons furent contraints de fournir aux compagnies de guerre des hommes mariés de 35 à 45 ans, tandis que les bataillons de formation nouvelle laissaient de jeunes célibataires inactifs dans les postes d'intérieur, ou simplement occupés à jouer au bouchon, sur le chemin de rempart, aux frais de la République.

Ces bizarreries légales sont le monopole exclusif des gouvernements d'occasion.

Je ne veux pas dire que les hommes du 4 septembre missent toujours mauvaise volonté à écouter l'opinion publique ; mais, souvent distraits par l'immensité de leur tâche, ils l'écoutaient mal et l'interprétaient à contre-sens.

Malgré toutes ces lacunes, l'organisation des bataillons de marche se fit assez rapidement. Plus tard, on groupa quatre bataillons de guerre sous les ordres d'un lieutenant-colonel ; ainsi furent formés *les régiments de Paris*.

Vers le milieu du mois, une bonne nouvelle éclata subitement à Paris. Notre armée de la Loire venait d'affirmer son existence par un coup de foudre. Von der Thann avait failli être enveloppé par Aurelles de Paladines. Le nom du général qui venait de ramener le bonheur sous nos drapeaux était dans toutes les bouches.

Je me rappelle encore les détails de cette soirée, et comment nous apprîmes qu'en dehors de nos remparts, il y avait une France.

J'assistais à un concert donné par le 71e bataillon pour la fonte d'un canon. La charmante salle de l'Athénée était brillante de lumières et de jolies femmes ; la musique du bataillon était sur la scène : tout-à-coup, un Monsieur s'avance, en uniforme de garde national, et demande la per-

mission de nous lire une bonne dépêche. Un grand silence
se fait dans les galeries. La dépêche nous annonce la victoire d'Orléans, et la déroute de l'armée de Von der Thann.

Une formidable clameur s'élève ; on bat des mains, on
crie : Vive la République ! on se serre la main, on s'em-
brasse. La musique joue *la Marseillaise* au milieu d'un frémissement indicible et tel que ceux qui n'ont pas vu ces
grandes émotions d'un peuple, qui n'ont pas souffert,
espéré, chanté avec lui, sont incapables de le comprendre.

Ainsi donc, l'armée de la Loire marchait vers nous ; il
fallait aller vers elle. On était prêt, on avait des canons, des
fusils, des hommes : il fallait frapper un grand coup sur
l'ennemi.

II.

Le 28 novembre, au soir, le Gouvernement fit afficher
dans tout Paris trois proclamations que je crois devoir
reproduire. Ces documents appartiennent désormais à l'histoire.

« Citoyens de Paris,
» Soldats de la garde nationale et de l'armée,
» La politique d'envahissement et de conquête entend
achever son œuvre ! Elle introduit en Europe et prétend
fonder en France le droit de la force. L'Europe peut subir
cet outrage en silence, mais la France veut combattre, et
nos frères nous appellent au dehors pour la lutte suprême.

» Après tant de sang versé, le sang va couler de nouveau.
Que la responsabilité en retombe sur ceux dont la détestable
ambition foule aux pieds les lois de la civilisation moderne
et de la justice. Mettant notre confiance en Dieu, marchons
en avant pour la Patrie.

» *Le Gouverneur de Paris,*
» Général Trochu. »
» Paris, le 28 novembre 1870. »

« Soldats de la 2e armée de Paris !

» Le moment est venu de rompre le cercle de fer qui nous enserre depuis trop longtemps et menace de nous étouffer dans une lente et douloureuse agonie ! A vous est dévolu l'honneur de tenter cette grande entreprise : vous vous en montrerez dignes, j'en ai la certitude.

» Sans doute, nos débuts seront difficiles ; nous aurons à surmonter de sérieux obstacles ; il faut les envisager avec calme et résolution, sans exagération comme sans faiblesse.

» La vérité, la voici : dès nos premiers pas, touchant nos avant-postes, nous trouverons d'implacables ennemis, rendus audacieux et confiants par de trop nombreux succès. Il y aura donc là à faire un vigoureux effort, mais il n'est pas au-dessus de vos forces : pour préparer votre action, la prévoyance de celui qui nous commande en chef a accumulé plus de 400 bouches à feu, dont deux tiers au moins du plus gros calibre ; aucun obstacle ne saurait y résister ; et, pour vous élancer dans cette trouée, vous serez plus de 150,000, tous bien armés, bien équipés, abondamment pourvus de munitions, et, j'en ai l'espoir, tous animés d'une ardeur irrésistible.

» Vainqueurs dans cette première période de la lutte, votre succès est assuré, car l'ennemi a envoyé sur les bords de la Loire ses plus nombreux et ses meilleurs soldats ; les efforts héroïques et heureux de nos frères les y retiennent.

» Courage donc et confiance. Songez que, dans cette lutte suprême, nous combattons pour notre honneur, pour notre liberté, pour le salut de notre chère et malheureuse Patrie, et, si ce mobile n'est pas suffisant pour enflammer vos cœurs, pensez à vos champs dévastés, à vos familles ruinées, à vos sœurs, à vos femmes, à vos mères désolées.

» Puisse cette pensée vous faire partager la soif de vengeance, la sourde rage qui m'animent, et vous inspirer le mépris du danger.

» Pour moi, j'y suis bien résolu, j'en fais le serment

devant vous, devant la nation tout entière, je ne rentrerai dans Paris que mort ou victorieux ; vous pourrez me voir tomber, mais vous ne me verrez pas reculer. Alors, ne vous arrêtez pas, mais vengez-moi.

» En avant donc ! en avant, et que Dieu nous protége !

» Paris, le 28 novembre 1870.

» *Le Général en chef de la 2ᵉ armée de Paris,*

» A. DUCROT. »

« *Le Gouvernement de la Défense Nationale à la population de Paris.*

« Citoyens,

» L'effort que réclamaient l'honneur et le salut de la France est engagé.

» Vous l'attendiez avec une patriotique impatience, que vos chefs militaires avaient peine à modérer. Décidés comme vous à débusquer l'ennemi des lignes où il se retranche et à courir au-devant de vos frères des départements, ils avaient le devoir de préparer de puissants moyens d'attaque. Ils les ont réunis ; maintenant, ils combattent ; nos cœurs sont avec eux. Tous, nous sommes prêts à les suivre, et, comme eux, à verser notre sang pour la délivrance de la Patrie.

» A cette heure suprême où ils exposent noblement leur vie, nous leur devons le concours de notre constance et de notre vertu civique. Quelle que soit la violence des émotions qui nous agitent, ayons le courage de demeurer calmes. Quiconque fomenterait le moindre trouble dans la cité trahirait la cause de ses défenseurs et servirait celle de la Prusse. De même que l'armée ne peut vaincre que par la discipline, nous ne pouvons résister que par l'union et l'ordre.

» Nous comptons sur le succès ; nous ne nous laisserions abattre par aucun revers.

» Cherchons surtout notre force dans l'inébranlable résolution d'étouffer, comme un germe de mort honteuse, tout ferment de discorde civile.

» Vive la France ! vive la République !

La proclamation du général Ducrot fut particulièrement
admirée par la population parisienne; elle respirait une crâ-
nerie militaire, une haine de l'ennemi qui rendit fort populaire pour quelques jours ce général, qui, depuis....

Les portes de Paris étaient fermées depuis la veille. On avait
pu voir défiler à travers Paris toute la deuxième armée. Ce fut
un spectacle bien émouvant et bien grandiose de voir passer,
à travers nos rues et nos boulevards, ces fantassins qui, jadis,
avaient fait la gloire et l'honneur du drapeau français, ces lestes
petits lignards, avec leurs guêtres blanches, leurs pantalons
rouges retroussés jusqu'à mi-jambe, leurs longues capotes
relevées aux deux coins, leurs sacs lourds et haut placés sur
leurs dos courbés par la marche, leurs képis plats à visière
fatiguée, et le chassepot fièrement porté sur l'épaule, et l'at-
tirail du campement, les gamelles et les bidons qui tintaient
mélancoliquement au flanc des jeunes hommes.

L'artillerie suivait les boulevards en longues files de
caissons, de canons, de mitrailleuses, dont on entendit le
roulement sourd durant toute une nuit à travers la ville
endormie.

La foule suivait d'un œil attendri tous ces fiers martyrs
du devoir. Beaucoup, hélas! ne devaient pas voir la fin de
cette semaine mémorable; la mort les attendait au bout de
leur étape, et pourtant ils allaient fièrement et gaiement.
C'était à qui les encouragerait de la parole et du geste, et
ceux qui paraissaient las, on leur payait des voitures pour suivre les régiments. Par intervalles, l'hymne de la Marseillaise montait dans l'air, emplissant les vastes rues au sortir
de ces jeunes poitrines qui allaient servir de rempart à la
Patrie!

Dans la nuit du lundi au mardi, vers une heure du matin,
tous les forts s'éveillèrent. Tout autour de l'horizon le canon
prit la parole. Les ténèbres étaient traversées par d'incessants
éclairs. La lumière des détonations éclairait le ciel comme
pendant une nuit d'orage les lueurs de l'électricité; le bruit

sourd des pièces de siége, le fracas déchirant des obusiers traversait les rues désertes et sombres.

Dès huit heures du matin, de nombreuses voitures d'ambulance chargées de blessés refluaient dans l'intérieur de la ville. Une foule énorme les attendait aux portes et les accueillait avec les plus touchantes marques de sympathie.

Bientôt un bruit vague de victoire filtre dans la ville, à travers les portes closes. On dit que les villages de l'Hay et Chevilly sont repris par nos troupes. Impossible de contrôler la vérité de ces nouvelles. En vain on escalade les hauteurs de Belleville et de Montmartre. La ville et l'horizon sont enveloppés d'un voile de brume jalouse qui laisse à peine venir jusqu'à nous les retentissements de la bataille. On se laisse aller aux plus chimériques espérances.

Le soir, le boulevard a la fièvre. Un journal, *la Liberté*, a osé imprimer que *notre armée qui, le matin, avait débuté par un plein succès, avait échoué complètement par le plus malheureux des accidents.*

Une indignation générale s'empare de la foule, qui, bon gré, mal gré, prend son espoir pour une réalité.

Mais je veux faire franchir au lecteur le seuil de la grande ville et le faire assister rapidement aux événements extérieurs.

Dès la veille, au soir, de nombreuses batteries de mortiers, de fusées d'artillerie, établies à proximité d'Argenteuil et de Bezons, ont jeté le trouble dans ces positions. Des lueurs rougeâtres, de longues colonnes de fumée, aperçues dans différentes directions, révèlent la présence et le développement progressif d'incendies énormes sur ces points. Nos troupes profitent de ces clartés sinistres qui trahissent les positions de l'ennemi. Partout les régiments, les bataillons couvrent les routes. Dans la nuit, l'île de Marente et le Port-à-l'Anglais sont occupés. On y établit des terrassements.

Le matin, dès l'aube, la troisième armée, sous les ordres du général Vinoy, se divise en deux colonnes et se jette au pas de course sur l'Hay et la Gare-aux-Bœufs.

Le premier village est attaqué par le colonel Valentin, avec une brigade de la division Maud'huy, les 109º et 110ᵉ de ligne, appuyés par les 2ᵉ et 4º bataillons du Finistère. L'ennemi veut en vain tenir devant nos troupes ; le premier choc est terrible, les bayonnettes françaises trouent les poitrines allemandes ; les casques de cuir roulent dans la boue, les compagnies se mêlent aux compagnies, c'est un effroyable corps à corps entre deux peuples. L'Allemand procède par écrasement, il broie les crânes sous de formidables coups de crosse ; mais souvent, tandis qu'il lève l'arme meurtrière, le Breton, plus agile, pousse à deux mains son sabre-baïonnette dans le ventre de l'envahisseur. Bientôt les Prussiens lâchent pied, quelques-uns se réfugient dans les maisons et, par les fenêtres, par les soupiraux des caves, font pleuvoir sur les nôtres une grêle de balles. Le brave lieutenant-colonel du 110º, Mimerel, tombe grièvement blessé ; le chef de bataillon, Christiani de Ravaran, du même régiment, est tué ; Monsieur de Kéals, commandant le 4ᵃ bataillon du Finistère, est blessé. Il faut prendre maison à maison, conquérir une chambre après l'autre, escalader les escaliers rouges de sang sur les cadavres encore tièdes. Rien n'arrête la *furia francese*. Le village est à nous.

Du côté de la Gare-aux-Bœufs, le contre-amiral Pothuau culbute et broie l'ennemi avec une furieuse énergie.

Sous ses ordres marchent les 106ᵉ et 116ᵃ bataillons de la garde nationale, avec les braves colonels Ibos et Langlois, et les fusiliers marins avec l'héroïque Desprez. Le jeune capitaine de frégate tombe à la tête de ses hommes. Les marins, ivres de colère et de vengeance, se précipitent sur l'ennemi en jetant des cris sauvages. Les haches d'abordage broient les casques et les crânes. Les mourants eux-mêmes vomissent avec le sang une dernière injure contre ces *pillards de Prussiens*.

Le brave commandant est dignement vengé. Les gardes nationaux sont les dignes émules des marins. La cantinière du 106º charge en tête du bataillon, fusil en main.....

Au même moment, notre première colonne, sur un ordre du général Vinoy, abandonnait les positions conquises. Le flot des réserves prussiennes les suivait de près et réoccupait le village de l'Hay.

Tout-à-coup la redoute des Hautes-Bruyères s'éveille, le fort de Bicêtre, les redoutes du Moulin-Saquet s'enveloppent de fumée. Une pluie de projectiles écrase ce malheureux village. En vain les bataillons prussiens cherchent un abri derrière les maisons. Les toits s'effondrent sous le poids des obus, les murs éventrés s'entr'ouvrent et chancellent. En même temps, sur la voie ferrée, une énorme locomotive blindée s'avance et déborde les lignes ennemies, une mitraille incessante sort des flancs de cette terrible machine et prend en écharpe les masses allemandes. Le fort de Charenton se mêle à cet effroyable concert, et comme si ce n'était assez de ce déluge de fer et de feu, la flottille des canonnières glisse sur la Seine et vomit à son tour la mort dans les rangs prussiens.

Cette foudroyante diversion devait appuyer le passage de la Marne par la deuxième armée. Ce passage ne put avoir lieu ce jour-là, une crue subite de la rivière avait emporté les ponts. Ce retard d'un jour dut être funeste à l'opération en donnant le temps à l'ennemi de concentrer sur ce point des forces considérables, tandis que notre effort d'ensemble était rompu et le but de la diversion manqué.

Voici le texte des dépêches reçues dans la journée du lendemain :

« Champigny, 2 heures.

» Le gouverneur de Paris est à la tête des troupes depuis avant-hier.

» L'armée du général Ducrot passe la Marne depuis ce matin sur des ponts de bateaux dont l'établissement avait été retardé par une crue subite et imprévue de la rivière.

» L'action s'engage sur un vaste périmètre, soutenue par les forts et les batteries de position qui, depuis hier, écrasent l'ennemi de leur feu. »

« Bry-sur-Marne, 4 heures.

» La droite a gardé les positions qu'elle avait brillamment conquises. La gauche, après avoir un peu fléchi, a tenu ferme, et l'ennemi, dont les pertes sont considérables, a été obligé de se replier en arrière des crêtes.

» La situation est bonne. L'artillerie, aux ordres du général Frébault, a magnifiquement combattu.

» *Si l'on avait dit, il y a un mois, qu'une armée se formerait à Paris, capable de passer une rivière difficile en face de l'ennemi, de pousser devant elle l'armée prussienne, retranchée sur des hauteurs, personne n'en aurait rien cru.*

» Le général Ducrot a été admirable.

» La division Susbielle, qui, en dehors et sur la droite de l'action générale, avait enlevé avec beaucoup d'entrain la position de Montmesly, n'a pu y tenir devant des forces supérieures, et s'est repliée sur Créteil ; mais sa diversion a été fort utile.

» Le gouverneur passe la nuit sur le lieu de l'action, qui continuera demain. »

« Rosny, 7 heures du soir.

» La fin de la journée a été bonne.

» Une division du général d'Exéa ayant passé la Marne, l'offensive a été reprise, et nous couchons sur les positions.

» L'ennemi nous a laissé deux canons et a abandonné sur place ses blessés et ses morts. »

Maintenant, jetons sur la bataille de Villiers un coup-d'œil d'ensemble.

L'armée de Ducrot, forte de 150,000 hommes et de 400 pièces d'artillerie, avait mis deux jours à opérer son mouvement de concentration.

Le 29, au soir, elle était massée sur les bords de la Marne, longeant cette rivière sur un espace de plus d'une lieue.

Le 30, au matin, elle jetait rapidement ses ponts sur la Marne, sous Nogent et sous Joinville ses deux premiers corps commençaient, dès l'aube, à effectuer le passage de la rivière. Cette opération, soutenue par le feu des forts et du plateau d'Avron, dura jusqu'à neuf heures du matin.

A ce moment, les deux premiers corps attaquaient le village de Champigny, le petit bois du Plant et les premiers échelons du plateau de Villiers.

L'action première dura deux heures. A onze heures, nos colonnes occupaient les positions de l'ennemi et se préparaient à se porter en avant, tandis que les troupes de seconde ligne fortifiaient les positions prises. Tout-à-coup les masses ennemies reviennent à la charge, soutenues par une artillerie terrible. Les batteries prussiennes de Chennevières et de Cœuilly font pleuvoir les obus sur Champigny. Les têtes de colonnes du premier corps, qui s'avançaient déjà en avant du village, sont broyées par le feu de l'ennemi, les régiments disloqués reculent. En même temps, des masses profondes d'infanterie descendent des plateaux de Villiers et chargent énergiquement les troupes du général Renault.

La bataille était perdue pour nous, si, à ce moment, notre artillerie nouvelle, commandée par les généraux Frébaut et Boissonnet, n'était entrée en ligne. Cet instant fut splendide. Le feu de nos pièces à longue portée démonta et éteignit en un clin-d'œil les batteries prussiennes. L'infanterie ennemie demeura seule exposée à la pluie mortelle qui tombait parmi ses rangs. Des régiments entiers furent détruits. La cavalerie partagea le sort de l'infanterie. Deux mille cavaliers furent jetés par terre par l'action subite d'une batterie de mitrailleuses brusquement démasquée sur leur flanc. Ce fut un horrible pêle-mêle d'hommes et de chevaux.

Au même instant, le troisième corps, sous les ordres du général d'Exéa, s'était avancé sur la rive droite de la Marne, jusqu'à Neuilly-sur-Marne et la Ville-Evrard, débordant ainsi la gauche de l'ennemi. Des ponts avaient été jetés sur la rivière au Petit-Bry; la division Bellemare s'était précipitée sur le village de Bry-sur-Marne et en avait chassé les Prussiens. Son mouvement se prolongea au-delà du village, jusqu'aux pentes des plateaux de Villiers, qu'elle prit à revers.

A. cet instant, l'armée allemande, écrasée par notre artillerie, refluait en arrière des collines ; l'apparition subite du
troisième corps, sur sa droite, augmenta le désordre de sa
retraite. Le plateau était à nous !

Cette journée était une victoire. C'était le premier pas
vers la délivrance, vers *la trouée,* comme on disait alors.

Il faut que j'explique ce que nous autres, assiégés, entendions par ce mot de trouée.

Nous savions fort bien que le blocus indéfini de Paris
amènerait infailliblement la reddition de la place. Nous vou-
lions avant tout éviter à la Patrie cet immense malheur.
Nous savions aussi que percer les lignes ennemies était une
opération difficile; mais nous étions persuadés qu'avec l'aide
des armées du dehors, elle était possible. Il fallait que l'action fût rapide et simultanée. Nous avions l'avantage énorme
de pouvoir nous concentrer plus rapidement que nos adversaires, et tout-à-fait hors de leur vue. Nous pouvions jeter
à un moment donné, sur un point convenu d'avance, des
forces supérieures aux leurs, percer la ligne d'investissement
sur ce point, et passer avec 150,000 hommes pour aller
tendre la main à la province, harceler les derrières de l'armée assiégeante, couper ses convois, occuper insensiblement
tout le terrain autour d'elle, la resserrer ainsi sous les murs
de Paris, la réduire à l'impuissance par le manque de munitions et de vivres, et peut-être.....

Je n'ose dire jusqu'où allaient alors nos espérances ; le
monde rirait de nos malheurs, et, certes, ils sont assez grands
pour qu'on n'y ajoute pas encore l'insulte.

Le soir de cette première et glorieuse journée, nos feux
de bivouacs s'étendaient sur tous les coteaux de la rive
gauche de la Marne, et, sur la rive droite, on apercevait au
loin dans la nuit, sur les pentes de Nogent et de Fontenay,
des lueurs innombrables. Là s'étaient massées nos troupes
de réserve.

Ce même jour, la division Susbielle, soutenue par trente-trois bataillons de la garde nationale, avait franchi la Marne sur l'autre côté de la boucle de la Marne, et s'était emparée de Mesly et de Montmesly.

L'armée de Vinoy avait opéré une diversion puissante sur la rive gauche de la Seine.

Enfin, au Nord, l'amiral La Roncière avait attiré des forces imposantes du côté de Saint-Denis.

Ainsi, par cette quadruple attaque, l'attention des Prussiens, partagée entre tous les points de la ligne d'investissement, ne pouvait se porter entièrement sur notre attaque principale.

Le lendemain fut un jour de calme pour nous, un jour d'activité fébrile de la part de l'ennemi. Notre action, déjà retardée et compromise par l'insuccès de notre tentative du 29 pour passer la Marne, échouera définitivement deux jours plus tard, par la faute que nous commettons en accordant un armistice aux Prussiens durant la journée du 1er décembre. Notre infatigable ennemi emploie tout le temps que lui laisse la lenteur de nos mouvements à rendre ses positions inattaquables sur le point que nous menaçons, à concentrer toutes ses forces disponibles aux environs de Villiers, et, dès le 2 décembre, loin de pouvoir songer à gagner du terrain, nous sommes réduits à défendre celui que nous avons conquis la veille.

Avant le jour, les troupes fraîches ainsi rassemblées durant la nuit se jettent brusquement sur nos avant-postes. Sur toute la ligne, depuis Champigny jusqu'à Bry-sur-Marne, nous sommes attaqués à l'improviste. Nos jeunes troupes, surprises d'abord, plient sous le poids immense des masses épaisses qui se précipitent sur leurs rangs à peine formés ; plusieurs régiments se débandent, un mouvement de recul se produit sur le front de l'armée française : la position est critique. Une défaite avec une rivière à dos peut devenir un désastre. Une crue de la rivière peut emporter les ponts et rendre la retraite impossible. La Marne est

sujette à ces brusques phénomènes en cette saison. Un
hasard peut amener la perte totale de l'armée....

A ce moment entre de nouveau en ligne notre magnifique
artillerie. Nos batteries arrêtent les colonnes prussiennes
sur le plateau. Notre infanterie se reforme à l'abri de nos
canons et revient à la charge. Les régiments prussiens,
d'abord surpris, serrent les rangs et se jettent sur nous. La
lutte dure plusieurs heures, acharnée, impitoyable. Enfin,
vers onze heures, un mouvement général de retraite se produit dans l'armée prussienne. Les régiments ennemis, décimés, vaincus, abandonnent le champ de bataille, couvert de
quinze mille de leurs cadavres.

Malgré cette victoire, le lendemain, l'armée de Ducrot
repassait la Marne, grâce au brouillard du matin, pour
venir camper au bois de Vincennes.

Nous avions perdu, disent les rapports officiels, 1,008 morts
et 5,022 blessés, dont plus de quatre cents officiers, et, malgré deux victoires successives, dues à la solidité de nos
jeunes troupes et à la puissance de notre nouvelle artillerie,
les fautes des chefs, la lenteur des mouvements, l'armistice
inconsidéré du 1er décembre, le retard du 29 novembre, con-
damnaient notre héroïque armée à la retraite, à l'éternelle
retraite *en bon ordre*.

Quelques jours plus tard, un avis du général de Moltke
nous annonçait la défaite de l'armée de la Loire et la reprise
d'Orléans par l'ennemi.

Ainsi, tandis que notre armée de Paris rentrait dans ses
lignes, les armées de province étaient refoulées derrière la
Loire et coupées en deux tronçons par le torrent de l'invasion.

Le cercle fatal se refermait sur nous !

BALLONS ET PIGEONS. — ENCORE LE BOURGET.
LE BOMBARDEMENT.

I.

Pendant le siége, le personnel des postes s'était trouvé réduit de près de 500 hommes compris dans les compagnies de marche et dirigés sur les avant-postes. Il fallait le voir partir, ce jeune et brave bataillon, bien équipé, bien armé de fusils à tir rapide, le pied leste et la chanson aux lèvres ! Ceux qui restaient, les *sédentaires*, allaient jusqu'aux remparts reconduire les camarades, et là se faisaient les adieux et s'échangaient les derniers serrements de mains émues !

Les sédentaires n'avaient pas lourde besogne, hélas ! L'hôtel des Postes était désert et morne. Les grandes salles du départ étaient abandonnées, et d'énormes sacs vides de dépêches gisaient çà et là sous les tables, où ne retentissaient plus comme aux jours de paix le bruit précipité des timbres sur les enveloppes. La salle du tri des lettres était seule hantée par de rares agents qui triaient d'un air morose quelques centaines de ces petites lettres impalpables destinées à partir par voie aérienne.

Qui nous eût dit à nous, habitants de Paris, quelques semaines plus tôt, qu'un jour nous n'aurions d'autre chemin pour communiquer avec le reste du monde que la route des nuages ?

C'était pour nous, assiégés, un spectacle bien émouvant que le départ d'un ballon.

Au début du siége, les ballons-poste partaient de jour. On les voyait s'élever en plein soleil, décroître lentement dans l'azur et se perdre bientôt dans l'immensité ; la foule s'amassait pour les voir partir, et quand l'aérostat franchis-

8e livraison.

sait le faîte des toits pour s'élancer dans le vide, on avait le
cœur serré d'angoisse et d'espérance ; cette frêle nacelle
portait aux absents nos chères missives, nos inquiétudes,
nos encouragements, nos espoirs, nos regrets, et ces hardis
voyageurs qui allaient ainsi affronter l'inconnu, quel sort
leur était réservé ?... Peut-être seraient-ils atteints d'en bas
par une balle prussienne ou par une fusée incendiaire, et alors,
quelle chute effrayante !

Plusieurs circonstances amenèrent l'administration à préférer les départs de nuit, en dépit des observations de Monsieur Godard, qui pensait avec juste raison qu'un voyage
nocturne présentait plus de chances de péril qu'une ascension
ordinaire.

J'ai pu recueillir les impressions d'un agent, embarqué
par ordre, dans une de ces expéditions aventureuses.

Il arriva vers dix heures du soir à la gare d'Orléans. Le
ballon était déjà presque entièrement gonflé et se balançait
convulsivement sous l'effort des rafales. Il faisait ce soir-là
une assez forte brise, et le ciel était couvert de longs nuages
blafards qui fuyaient rapidement, laissant apercevoir, à de
rares intervalles, un coin d'azur et deux ou trois étoiles
frileuses.

La lune, cachée derrière ce rideau de nuées éparses, laissait filtrer sur la ville une terne lumière.

Çà et là se détachait en noir, dans la pénombre, le profil
fantastique d'un dôme ou d'une flèche, et tout loin... s'enlevait
dans la brume l'ossature puissante et superbe de Notre-
Dame.

Tout autour de la nacelle s'agitaient des hommes dont
les silhouettes, éclairées par les réflecteurs des locomotives,
projetaient sur le sol des ombres fébriles. Plus loin étaient
rangées en cercle de grosses locomotives trapues qui regardaient en silence, de leurs deux gros yeux rouges, leur
énorme et frêle rival.

Bientôt retentit un coup de sifflet : le marin qui doit servir de pilote à la nacelle d'osier allume tranquillement sa pipe et s'embarque ; l'autre voyageur s'embarque après lui ; les sacs de dépêches, les cages de pigeons sont solidement amarrés à la nacelle ; déjà le fourgon des postes quitte la gare au grand trot. Le cri : « lâchez tout » s'élève et retentit jusqu'au fond de la nef vitrée. Le ballon part d'un bond. « Adieu ! » crient les voyageurs en agitant leurs chapeaux : « Vive la France ! » Alors pour eux commence l'émotion inexprimable du voyage. La grande ville, vaguement éclairée, se déroule au-dessous d'eux, et peu à peu semble s'éloigner et s'éteindre. Sur la surface sombre de la terre se détachent, comme de longs rubans d'argent, les fleuves et les rivières. Les heures passent. Le ballon monte encore, le brouillard se tire comme un rideau entre la terre et lui. L'espace sans limite l'enveloppe. Bientôt le jour, un jour terne encore, émerge de l'orient. A tout hasard on ouvre la soupape, le gaz s'échappe, l'aérostat baisse rapidement. Il passe comme une flèche à travers un nuage. Tout-à-coup le brouillard se lève. Au-dessous de la nacelle qui se précipite à quelques centaines de pieds à peine..... la mer déroule ses longues vagues. Vite, le marin jette au gouffre son lest, le voyageur veut l'aider, et dans son trouble envoie au vide un sac de dépêches ; heureusement, ce n'est qu'un sac de journaux. Le ballon s'arrête. Il était temps, déjà la mer tendait ses vagues vers eux comme pour les saisir ; son grondement sourd les glaçait d'effroi !... Enfin, la terre apparaît au loin, elle grandit, elle se rapproche, on distingue de hautes montagnes couvertes de glace. N'est-ce point un mirage ? Plus de doute, une troupe d'oiseaux de mer entoure la nacelle en jetant des cris rauques et s'envole au large.

Quelques minutes plus tard, le pilote ouvre de nouveau la soupape, et l'on touche terre. Quelle terre ! on enfonce dans une neige profonde. De grands sapins, perchés sur d'immenses rochers, se penchent vers des vallées sauvages. Les voyageurs interrogent un paysan vêtu de peaux de bêtes. Le paysan se trouve être un brave seigneur des environs.

— Messieurs, répondit-il en excellent français, vous êtes en Norwége... Voilà quelles aventures devaient affronter nos courageux messagers.

Avec quelle émotion nous saluions au retour les pigeons voyageurs ! Les pauvres petits ! souvent ils nous revenaient transis, mouillés, fatigués par la route longue, ils s'étaient bien hâtés pour venir ; à tire-d'aile, ils avaient franchi les plaines de la patrie ; peut-être s'étaient-ils posés un instant sur le toit qui abritait la famille dispersée, peut-être sous leurs pauvres ailes tremblantes ils nous ramenaient l'espérance ; leurs plumes avaient été froissées dans le voyage, mais ils n'avaient pas abandonné leur précieux dépôt, fidèlement ils nous rapportaient les chers messages de nos absents, en dépit de l'oiseau de proie dressé par les valets allemands.

Un soir d'hiver (je m'en souviens comme si c'était hier), il faisait bien froid ce soir-là, et les flocons de neige frappaient aux vitres. Par instants, le vent secouait les portes et s'engouffrait dans les escaliers avec un hurlement sauvage. Tout-à-coup retentit à l'une de nos fenêtres un frôlement semblable à un coup d'aile ; nous nous levâmes, un pauvre petit pigeon errant était venu se poser sur le bord de notre croisée, ses plumes étaient couvertes de neige glacée. Nous ouvrîmes la fenêtre ; il se laissa prendre ou plutôt il se donna à nous. Etait-ce un pigeon voyageur ? Nous le crûmes ; nous réchauffâmes le pauvre oiseau ; il avait faim , il mangea quelques menues miettes, minces débris de notre ration de pain noir, puis l'un de nous le porta à l'administration des Postes. Là, vérification faite, il se trouva qu'il n'était pas voyageur. C'était un assiégé en quête d'une cantine. Nous le recueillîmes , et religieusement nous avons partagé avec lui notre maigre ration durant tout le siége, tant ces fidèles volatiles nous inspiraient alors de respect.

II.

Ce mois de décembre fut impitoyable ; un froid intense
sévit dès les premiers jours. Pour comble à nos malheurs, le
combustible fit totalement défaut, il fallut faire queue durant
des heures entières pour rapporter quelques morceaux de
bois vert, dépouille de nos bois et de nos boulevards. Chacun alors fut contraint de s'armer de résignation et de courage. Le bourgeois dut voiturer lui-même à travers la ville
son bois de chauffage, et ce fut un spectacle neuf de voir des
gens à redingote, coiffés du tromblon classique, pousser imper-
turbablement par les rues des charrettes de commission-
naires, chargées de bûches.

Que de misère, que de souffrance alors au fond des greniers
et des caves, où des familles demi-nues grelottaient de froid
dans l'ombre humide ! Ils sont morts, comme cela, quarante
mille durant ce siége. Car si l'on a beaucoup donné dans
Paris, la charité elle-même ignore certains antres où la
misère engendre trop souvent le crime ; et puis, pendant que
la mère agonise et que le père s'enivre, personne ne va
chercher le pain de l'enfant, et le pauvre petit être grandit
ainsi dans l'angoisse et dans la douleur, futur risque-tout
des révolutions, recrue de Cayenne ou de Nouméa !

Notre jeune armée aussi eut à souffrir. Peu habitués aux
misères des tranchées, nos mobiles et nos lignards paraissaient dans la ville, enveloppés jusqu'aux oreilles de cache-
nez et de couvertures, couverts de boue glacée, tremblant
le froid et la fièvre.

Ce froid terrible devait faire manquer notre deuxième
grande sortie.

Cette tentative malheureuse eut lieu le 21 décembre.

Dès la veille, on put remarquer un mouvement de troupes
considérable dans les rues de Paris. Les bataillons de mar-

che de la garde nationale se dirigeaient en interminables colonnes vers les portes. Ce fut un spectacle à la fois touchant et digne que celui de ces pères de famille qui marchaient au feu, graves et fiers du devoir à remplir, suivis jusqu'aux remparts par leurs femmes portant leur sac , et qui les encourageaient à bien mourir, par leurs enfants que l'exemple paternel instruisait mieux que de longues années d'histoire et de philosophie.

La proclamation suivante fut affichée :

« Le gouverneur est parti pour se mettre à la tête de l'armée, des opérations de guerre importantes devant commencer demain 21 décembre, au point du jour. Tous les mouvements de troupes se sont exécutés avec la plus grande régularité, et, à l'heure qu'il est, il y a plus de cent bataillons de garde nationale mobilisée en dehors de Paris. »

Le 21 décembre, l'attaque commença dès le matin et ne fut interrompue que par la nuit.

Sur la droite, les généraux de Malroy et Blaise, sous les ordres du général Vinoy, occupèrent heureusement Neuilly-sur-Marne, Ville-Evrard et la Maison-Blanche. Sur ce point, nos batteries du plateau d'Avron et le fort Nogent canonnèrent l'ennemi avec une furie et une précision telles que les batteries prussiennes furent réduites au silence. Le général d'artillerie Favé fut blessé.

A l'aile gauche, le général Noël fit une forte démonstration sur Montretout et Buzenval ; le chef de bataillon Faure s'empara de l'île du Chiard. Il fut très grièvement blessé, au moment où il pénétrait dans cette position, à la tête d'une compagnie de francs-tireurs de Paris. Le capitaine Haas, qui commandait cette compagnie, fut tué.

L'attaque principale eut lieu au centre. Elle échoua malheureusement. Les troupes de l'amiral La Roncière, composées de marins, de troupes de ligne et de mobiles de la Seine, se ruèrent sur le Bourget. Il était dit que cette malheureuse bourgade nous serait funeste ! Les colonnes de l'amiral La

Roncière se heurtèrent aux travaux que les Prussiens avaient construits en six semaines. Nos ennemis avaient mis à profit le temps que nous leur avions laissé sur ce point, pour fortifier considérablement les murs et les maisons. Les rues étaient garnies de barricades terribles, les murailles formidablement crénelées. A peine notre infanterie se trouva-t-elle à découvert qu'un feu meurtrier partit du village et des hauteurs voisines. L'infanterie de ligne vint se briser contre les barricades.

Une colonne de marins réussit à pénétrer par un côté opposé jusqu'au cœur de la position : il y eut là une attaque grandiose, un de ces chocs formidables auxquels nulle force humaine ne saurait résister ; les marins s'emparèrent d'assaut de plusieurs maisons et pénétrèrent à coups de hache d'abordage dans la rue principale du Bourget. Les Prussiens essayèrent en vain de tenir contre l'élan de nos marins ; ils furent repoussés en désordre et perdirent une centaine de prisonniers.

A ce moment la ligne et la mobile, qui avaient attaqué le Bourget sur un autre point, battaient en retraite ; les marins occupèrent seuls quelque temps la partie du village qu'ils avaient arrachée à l'infanterie allemande, mais bientôt décimés par l'effroyable mousqueterie qui partait des caves et des fenêtres, ils reculèrent à leur tour, lentement, et sans être inquiétés par l'infanterie, emmenant avec eux leurs blessés et leurs prisonniers.

Mais les rues du Bourget étaient jonchées de leurs cadavres. Trois cents hommes et deux officiers d'un grand mérite, Monsieur Lamothe-Thenct et le vicomte Pierre Duquesne, descendant de l'illustre amiral du même nom, avaient payé de leur vie cette malheureuse tentative.

Ainsi toujours le défaut d'artillerie amenait les mêmes et irréparables malheurs, toujours nos généraux s'obstinaient à faire combattre à découvert nos fantassins contre des murs crénelés et un ennemi protégé doublement par

son artillerie et par sa position, et pourtant nous avions des
canons, ils sortaient par centaines de nos ateliers et de nos
usines. Qu'en faisait la défense ? Le rapport officiel dit
qu'une brume intense gênait l'action de notre artillerie,
comme si le tir de l'ennemi ne devait pas être frappé d'une
impuissance égale à la nôtre, puisqu'il était soumis aux
mêmes causes d'indécision.

Pendant la nuit, une alerte qui coûta la vie au général
Blaise mit une fois de plus en évidence l'insuffisance de
notre service d'éclaireurs.

Nous venions d'occuper la Ville-Evrard. On avait allumé
de grands feux ; les hommes dormaient autour de ces feux.
Tout-à-coup, de l'ombre environnante, part une fusillade
meurtrière ; nos hommes se lèvent et vont céder à une
panique ; un ennemi invisible jette la mort dans les rangs.
Le général Blaise arrive, rallie ceux qui fuyaient, mais soudain il porte la main à sa poitrine et chancelle ; on se
précipite vers lui : il fait signe de marcher en avant et
meurt. On découvre enfin l'ennemi. Les Prussiens, en éva-
cuant le village, avaient laissé les caves occupées par un
assez grand nombre des leurs, et nous avions passé plusieurs heures sur ce point sans nous apercevoir de leur présence au milieu de nous !

Les soldats, furieux de cette agression et de la mort du
général Blaise, massacrèrent sans pitié la plus grande partie
des assaillants.

Les jours qui suivirent cette deuxième grande sortie furent
employés par nos troupes à construire des travaux de terrassement rendus malheureusement fort pénibles par le
froid intense qui durcissait la terre.

Plusieurs centaines de soldats furent emportés des tranchées, complètement paralysés par cette mortelle température. Il devenait impossible de s'engager loin de la place ; le
Gouvernement avoua, dans une note assez explicite, que
l'affaire était de nouveau manquée, et qu'il n'y fallait plus
songer, sous peine d'un irréparable désastre.

III.

Quelques jours après ce nouvel échec de nos forces actives sous Paris, l'ennemi démasqua subitement, au parc du Raincy, à Gagny, à Noisy-le-Grand, des batteries à longue portée qui firent pleuvoir inopinément une grêle de projectiles sur nos positions du plateau d'Avron. Le Gouvernement de la Défense occupait effectivement cette position depuis le 28 novembre.

Le général Trochu, dans son discours du 14 juin dernier à l'Assemblée Nationale, rejette sur l'amiral Saisset la responsabilité de cette opération. J'ignore si l'ordre de garnir le plateau était parti du Gouvernement, mais je sais qu'on fit alors grand bruit de cette occupation, comme on avait fait pour le Bourget lors de la première affaire, et de fait cette position inquiétait les convois ennemis jusqu'à Chelles, et pouvait protéger les grandes démonstrations armées, comme celle qui débuta par le passage de la Marne et fut suivie de la bataille de Villiers. Aussi nous accumulâmes sur ce point une puissante artillerie, qu'on évaluait alors à près de cent pièces de gros calibre.

On ne fit rien pour protéger cette artillerie. Quelques travaux de terrassement, à peine ébauchés en six semaines, étaient, hélas ! bien impuissants à mettre nos canonniers à couvert de l'effroyable avalanche qui les menaçait.

Monsieur le gouverneur de Paris nous a appris, dans l'un de ses innombrables rapports, qu'on ne doit pas exposer des pièces peu maniables dans un ouvrage avancé. Or, le plateau d'Avron, dominé de tous côtés par des hauteurs, n'était pas tenable en cas d'attaque sérieuse, et l'évacuation de nos grosses pièces pouvait, dans certains cas, présenter d'insurmontables difficultés.

Ce fut le 27 décembre au matin que l'ennemi commença

le bombardement de nos forts et du plateau d'Avron. Il démasqua subitement douze batteries dont nous ne soupçonnions pas l'existence.

Les forts soutinrent bravement le choc, sans autre dommage que la perte de quelques hommes et l'effondrement de quelques casernes. Les remparts tinrent bon contre cette pluie de fer.

Mais au plateau d'Avron, la première surprise faillit causer l'abandon des pièces. Seuls les artilleurs et les marins gardèrent leur sang-froid dès le début. Ils prirent tranquillement leurs postes et répondirent feu pour feu.

Cette première journée fut terrible. Tout autour du plateau d'Avron, les hauteurs se couvraient de la fumée des batteries prussiennes. Les projectiles venaient s'abattre par larges volées sur nos hommes ; c'était un bruit strident de sifflements, d'explosions, un fracas sourd et lointain de détonations incessantes.

Nos canonniers étaient superbes de calme. Ils chargeaient froidement leurs pièces et s'efforçaient de compenser, par la précise rapidité de leur tir, le nombre et le poids des projectiles prussiens.

Nos soldats d'infanterie attendaient, à demi-cachés dans les tranchées, transis de froid, décimés de minute en minute par l'effroyable tempête de fer. Enfin la nuit vint apporter un peu de répit à nos braves et malheureux soldats, répit, hélas ! bien dur et bien terrible, par cette température qui ne permettait sur la terre glacée d'autre sommeil que le dernier.

Dès l'aube, le bombardement recommença, sans relâche ni trève ; l'après-midi, l'intensité du feu augmenta encore. D'heure en heure, de nouvelles batteries prussiennes s'allumaient à l'horizon. Chaque minute voyait s'abattre sur ce malheureux plateau un tourbillon formidable d'obus énormes.

La position n'était plus tenable. La nuit venait, l'ordre de retraite fut donné. Mais comment enlever en une nuit un matériel qui avait demandé trois semaines de transport ? Pour comble de malheur, la neige durcie n'offrait plus aux pieds des chevaux qu'une nappe de verglas.

Les marins s'attelèrent aux canons. Cinquante hommes enlevèrent à force de bras chacune de ces lourdes machines, et les amenèrent sur la pente du plateau. La déclivité du sol favorisa l'opération sur ce point. Mais, lorsqu'il fallut remonter le versant opposé , ce fut terrible. Les obus ennemis, passant par-dessus le plateau, tombaient par centaines sur la route. Les chevaux et les hommes roulaient dans un indicible pêle-mêle, les voitures d'artillerie étaient renversées. La lune, complice de l'ennemi, jetait sur notre retraite un regard terne et sinistre.

Les marins redoublaient d'énergie. Meurtris, sanglants, infatigables, ils poussaient aux roues, dégageaient les voitures renversées, tantôt glissant et tombant sur la glace, tantôt se relevant pour recommencer l'œuvre de sauvetage ! Cela dura toute une nuit. Mais à l'aube les pièces étaient à l'abri du fort de Rosny.

Pendant plusieurs jours, les forts de l'Est soutinrent seuls tout l'effort des canons Krupp. Puis le bombardement s'étendit et se rapprocha. Les forts du Sud à leur tour furent couverts de projectiles.

En dépit de ces millions de kilogrammes de fonte et d'acier qui s'abattaient sur nos ouvrages extérieurs, ceux-ci n'éprouvèrent les premiers jours que des dommages réparables.

Nos soldats supportaient admirablement cette lourde épreuve. Un jour, un obus entra dans une casemate où près de cinquante artilleurs de la garde nationale étaient réunis. Par un mouvement sublime et spontané, le cri de : Vive la République ! s'échappa de leurs lèvres; c'était comme l'invocation suprême à la liberté, l'adieu vaillant à la patrie. L'obus éclata ; plusieurs de ces braves tombèrent.

La population parisienne présenta en ces jours d'épreuve un spectacle bien digne d'admiration. Instinctivement elle sentait venir l'orage ; chaque jour le tir de l'ennemi se rapprochait de la ville. Bientôt il atteignit nos quartiers du Sud. Il y eut parmi nous tous un sentiment de satisfaction orgueilleuse. « Enfin, ils se décident, disait-on, tant mieux ! Ils se lassent ; quelque grand péril les menace peut-être, ou bien ils veulent masquer leur faiblesse numérique sous la fumée de leurs Krupps. Il faut sortir, il faut essayer le coup du désespoir, il ne faut pas laisser écraser nos armées de province, ni subir la mort chez nous, une mort sans vengeance, une mort brutale, qui menace avec nous nos femmes et nos enfants. »

Dès le premier jour, plusieurs centaines d'obus franchirent l'enceinte et s'éparpillèrent sur le Val-de-Grâce, le cimetière Montparnasse, la chaussée du Maine, la rue Daguerre, la rue Delambre, etc... Alors se produisit dans Paris un de ces phénomènes moraux que cette ville seule était appelée à présenter au monde. La foule, une foule de femmes et d'enfants, car les hommes étaient aux remparts, se répandit, audacieuse, ironique, téméraire, dans les quartiers menacés. Les grandes et les petites Dames firent atteler pour ce spectacle d'un nouveau genre ; les Gavroches se firent chasseurs à l'obus et marchands d'éclats. On se groupait sur la place de l'Observatoire, on écoutait les grondements lointains et sourds des batteries prussiennes et la réponse vigoureuse de nos forts ; de minute en minute, un bruit strident déchirait l'atmosphère, un souffle sourd et sinistre traversait l'air, la foule suivait la trajectoire du projectile, écoutait les éclats rauques et fréquents qui se multipliaient par les rues, les craquements de toits, les effondrements de murs, le fracas des vitres brisées et des planchers entr'ouverts ; puis, tranquille et dédaigneuse, repassait les ponts en disant : « Peuh ! ce n'est que cela ! Pauvre Bismarck, tu perds ton temps, mon ami, le moment psychologique n'est pas encore venu !

qu'est-ce que cela nous fait à nous, tes petits joujoux ; parce
que tu nous envoies des presse-papier de cent kilogrammes,
t'imagines-tu sérieusement, ô cervelle allemande, que nous
nous rendrons une demi-seconde plus tôt ? »

Ainsi le Parisien se raillait de l'horreur et gouaillait la
barbarie.

Pourtant chaque nuit de nouveaux drames faisaient irruption dans les demeures des citoyens. L'obus prussien avait
une préférence étrange et fatale pour les enfants. Tout Paris
fut ému jusqu'aux larmes de l'accident terrible qui causa la
mort de cinq enfants à l'institution Saint-Nicolas. Les pauvres victimes furent frappées dans leur lit, au cœur d'un
dortoir où dormaient quarante jeunes collégiens. Ceux-ci se
réveillèrent subitement au bruit terrible de l'explosion, au
fracas des éclats de fer contre les murs, et se cherchant,
s'appelant dans la nuit, au milieu d'une épouvantable confu-
sion, ils parvinrent enfin à se compter. Cinq d'entre
eux manquaient à l'appel ; ils gisaient sanglants, les murs
étaient couverts de leur sang !

Une autre nuit, tout près de Saint-Séverin, une famille
entière était réunie dans une chambre unique. Le père, la
mère et les enfants étaient au coin du foyer ; ils écoutaient
passer les vols d'obus dans les rues voisines ; le père, fati-
gué de la dernière garde, contemplait avec bonheur ces
chers petits êtres assis aux pieds de leur mère. Ils s'amu-
saient, ils riaient, les chers anges ! le plus petit tyrannisait
le plus grand, et tout en jouant ils mordaient à belles dents
leur morceau de pain noir mêlé de paille. Tout-à-coup un
affreux sifflement traverse la nuit, un fracas sourd, suivi
d'un craquement et d'un bruit d'éboulement lugubre fait
trembler la maison ; le plafond s'entr'ouvre, un affreux projectile se rue dans la pauvre chambre et éclate. Le père et
les enfants sont frappés à mort, les voisins accourent. La
mère était seule debout, les yeux hagards, les membres con-
vulsifs ; elle regardait fixement un de ses enfants, dont la

tête était séparée du corps et dont la petite main crispée
serrait encore son morceau de pain noir souillé de sang. On
voulut emmener la malheureuse mère, elle résista violemment ; on voulut la consoler, elle ne parut pas comprendre.
La folie était venue ; c'était peut-être un bienfait du ciel :
l'infortunée du moins n'eut pas conscience de son malheur.

Un autre jour, cinq ou six femmes furent tuées raide à la
porte d'un boulanger : l'une avait le ventre enlevé, une autre
la tête broyée, une troisième avait les deux jambes coupées, toutes eurent à peine le temps de jeter un cri suprême
avant de s'affaisser sur le trottoir comme d'horribles monceaux de chair sanglante.

Et pendant que ces malheurs particuliers se produisaient,
nos monuments glorieux affrontaient eux aussi la colère
jalouse de nos ennemis. Nos musées, nos palais, nos églises
étaient le point de mire des canons Krupp ! Le dôme du
Panthéon, le dôme du Val-de-Grâce, le dôme de la Sor-
bonne, le dôme des Invalides, tous ces fronts de pierre et
d'or, toutes ces merveilles aériennes, toutes ces coupoles
hardies et déjà séculaires voyaient passer autour d'elles la
tempête aveugle. Le choc de l'obus les trouvait impassibles,
ils secouaient dédaigneusement de leurs vastes épaules ces
impuissants projectiles et les faisaient retomber inutiles et
honteux à leurs pieds.

Nos hospices surtout furent criblés par ce bombardement
inique et barbare : l'hospice de la Maternité, celui des
Enfants-Malades, les Quinze-Vingt, les Incurables ; nos
musées : Cluny, le Luxembourg ; nos monuments religieux :
Saint-Sulpice, Saint-Etienne-du-Mont, Saint-Thomas-
d'Aquin, Saint-Germain-des-Prés, Saint-Séverin, Sainte-
Clotilde, devinrent autant de points de mire. Le viaduc d'Auteuil fut percé à jour. Le Muséum fut détruit. Le collège
de France reçut des bombes scientifiques, l'Ecole de Droit
s'aperçut que *l'obus prime le Droit...* et la barbarie prus-

sienne s'acharnait jusqu'en nos ambulances sur ce qui sur-
vivait encore de nos blessés et de nos malades.

Ce fut un temps mémorable, une phase glorieuse pour
Paris, honteuse pour ceux qui ne reculèrent pas devant la
ruine des monuments qui sont des gloires humaines, et l'as-
sassinat prémédité d'innocents petits êtres dans leur ber-
ceau, de jeunes filles dans leurs lits, de malades sur l'oreil-
ler d'angoisse !

Et Paris supporta tout, railleusement, et finit même par
ne plus daigner rire de ces assassinats nocturnes et pério-
diques.

L'Europe entière regarda froidement la Prusse consommer
son œuvre. Cela dura près d'un mois !

Le soir, quand nous nous promenions entre amis, le long
des quais ou sur les ponts, nous entendions le frou-frou sinistre des bombes et leur explosion finale, et nous discutions
sur la plus ou moins grande probabilité du progrès humain,
car il est permis de douter, quand on assiste à certaines
choses, si l'orbite dans lequel l'humanité gravite n'est pas
un cercle *atrocement* vicieux.

Les protestations des savants, des médecins, des représentants de l'étranger à Paris furent impuissantes à con-
jurer cette longue et douloureuse épreuve. A Monsieur Kern,
ministre de la Confédération Suisse à Paris, qui avait énergiquement réclamé près du chancelier allemand contre un
bombardement inutile et barbare, qui atteignait, sans dis-
tinction comme sans avertissement préalable , tout une
population neutre , le ministre allemand répondit avec une
froide et doucereuse ironie :

« .... Il est aussi difficile d'éviter que des bâtiments que
nous désirerions épargner soient endommagés *par hasard*,
que de prévenir des blessures parmi la population civile,
qui sont à déplorer dans le cours de chaque siége. Si ces
accidents pénibles , que *nous regrettons sincèrement*, se
produisent à Paris sur une plus grande échelle que dans

d'autres forteresses assiégées, il faut en conclure qu'on aurait dû éviter d'en faire une forteresse ou de prolonger la défense au-delà d'un certain terme. »

Ainsi Monsieur de Bismarck regrettait beaucoup d'être contraint de nous assassiner en détail, et le mal qu'il nous faisait lui causait une douleur profonde. Aussi pourquoi nous défendions-nous ; c'était notre faute ; c'était aussi la faute à M. Thiers, qui avait fortifié Paris ; ce n'était certes pas la sienne à lui Bismarck.... *Le pauvre homme !*

EDGARD QUINET ET LOUIS BLANC.
BATAILLE DE MONTRETOUT.

I.

Ces milliers d'obus, dont les Prussiens couvraient notre ville, produisirent un effet moral auquel sans doute Monsieur de Bismarck était loin de s'attendre. La presse entière et les clubs, organes des diverses nuances d'opinion, s'élevèrent avec force contre l'inaction à laquelle le Gouvernement se condamnait, et nous avec lui. De simples particuliers prirent la parole pour demander une vigoureuse offensive. Parmi ces derniers, deux illustres républicains s'opposèrent de toute l'énergie de leur patriotisme à cette force d'inertie gouvernementale qui nous conduisait à une capitulation infaillible. Le premier, Edgard Quinet, publia dans *le Temps* un article remarquable, que je reproduis in-extenso :

« EN AVANT !

» Au bruit des bombes, au seuil de cette année 1871, qui s'appellera, si nous le voulons, l'année de la victoire, calculons nos chances.

» Délivrée du césarisme, la France entre, avec la République, dans le droit et la liberté. Au contraire, l'Allemagne s'enfonce dans le césarisme.

» Nous nous élevons, elle s'abaisse. Elle veut avoir son empereur depuis que nous avons vomi le nôtre.

» La gloire de notre homme de Sédan lui fait envie ; elle veut au moins en porter le nom et la défroque. Nous les lui abandonnons.

» Il y avait, dans le monde, une forme de gouvernement dont nous venions d'éprouver la monstruosité renouvelée du Bas-Empire ; c'est précisément cette hideuse dépouille opime

9e livraison.

dont va s'affubler l'Allemagne. Elle rentre dans le passé
maudit que nous venons de quitter ; elle reprend la peau
du serpent que le serpent a laissée à Sédan et à Metz.

» Nous tendons la main à la liberté moderne vivante,
l'Allemagne tend la main aux douze Césars dégénérés. De
quel côté est la vie ? De quel côté est la victoire ?

» Conservateurs ou libéraux allemands sont dans une
pleine déroute morale, puisque chacun va directement contre son principe et s'enferre de ses armes. Un des premiers
penseurs de l'Allemagne actuelle, fils d'un homme illustre,
Fichte, me disait à propos de Sadowa cette chose étrange
qui les peint d'un trait : « Comme homme, je suis entière-
» ment de votre avis. Comme Allemand, je suis d'un avis
» diamétralement contraire. »

» Ainsi, ils opposent l'Allemand à l'homme ; chez eux le
premier tue le second.

» Qu'attendent les conservateurs d'outre-Rhin ? L'anar-
chie. Ils adjurent la démagogie, ils offrent l'accolade des
hobereaux à ce qu'ils appellent la populace. Et les libéraux
allemands, que demandent-ils ? Peu de chose. Qu'on nous
fasse mourir de faim. C'est pour eux le signe suprême de la
philanthropie.

» Le beau projet, en effet, sur lequel toute l'Allemagne a
les yeux attachés ! M. de Bismarck lui a promis de nous
faire mourir de faim, au nombre de deux cent mille hommes,
pour fêter le nouvel an. Et les Allemands d'outre-Rhin, réunis en famille autour de l'arbre de Noël, bougies allumées,
demandent impatiemment : Vivent-ils donc encore ?

» Gloire unique, occasion sans pareille qu'il ne faut pas
laisser échapper ! Faire mourir de faim d'un seul coup toute
l'élite, toute l'intelligence de la nation française, tous les
écrivains de France, penseurs, historiens, poëtes, philosophes, matérialistes ou spiritualistes, peu importe ; tous les
artistes, sculpteurs, peintres d'histoire ou de paysage, archi-
tectes, tous les savants, chimistes, physiciens, naturalistes,

médecins, tous les membres des cinq instituts, tous les professeurs, tous les orateurs et hommes d'Etat, s'il en reste ; et je ne parle pas du peuple, qui périra sans mémoire, pour faire nombre. Quelle idée de génie ! Quelle occasion d'en finir avec une nation rivale ! Honneur, gloire à une conception si grandiose ! Poëtes et prosateurs, artistes et savants, qu'ils tombent d'inanition sur les places publiques ! Alors le rêve de l'Allemagne sera réalisé. Elle primera enfin dans les arts, les lettres, les sciences, la philosophie et l'esthétique. Le recteur de l'Université de Berlin, assisté du docteur Gervinius et du docteur Momsen, régentera Paris. Sans cela, quand donc viendra pour l'Allemagne le règne de l'esprit. Il court risque, en vérité, de n'arriver jamais.

» Mais ce n'est pas seulement le règne de l'intelligence que convoitent les Prussiens, tant s'en faut. Si vous tombiez, si Paris devenait leur proie (c'est une indignité de le supposer, et je retire cette affreuse parole), voyez, supputez la ruine matérielle, je ne dis pas seulement ruine publique, nationale, je dis ruine privée. Pour accomplir leurs projets insensés, ils ont besoin de milliards. Où les prendront-ils ? Non pas dans les caisses publiques, mais dans votre avoir, dans vos coffres, dans vos veines.

» Ils vous feront leurs garants, solidaires les uns des autres, saignant le riche, écorchant le pauvre. Nul n'échappera. Aux directeurs des grandes compagnies ils prendront leur capital, à l'actionnaire son revenu, au rentier sa rente, au propriétaire son fermage, au fermier sa récolte, au marchand son magasin, au paysan ses sabots, au mendiant sa besace, comme ils l'ont déjà fait partout où ils se sont abattus.

» Que servira alors de répéter ce mot absurde : que les provinces sont séparées de Paris, qu'elles ne veulent pas entendre parler de Paris. Oh ! qu'ils sauront bien rétablir l'étroite solidarité de la capitale et des départements ! Quand il s'agira de mettre la France à sac, ils parleront de son unité. Le Midi payera pour le Nord, le Nord pour le Midi ; Paris pour la province, la province pour Paris.

» Solidarité de ruine, de misère et de honte, si la solidarité de salut venait à manquer un seul jour.

« Cela regarde Paris. Ne nous en mêlons pas. »

» Qui, aujourd'hui, oserait en France répéter de semblables paroles ? Tout le monde sent que ces ennemis, affamés de pillage, voulant la fortune de la France, iront la puiser dans ses derniers canaux ; de la tête aux pieds, du centre aux extrémités, jusque dans le dernier village, entre les mains des producteurs, comme des consommateurs, propriétaires, marchands, ouvriers, paysans.

» Ce n'est pas une guerre seulement à l'Etat, mais à l'individu. Chacun doit être réduit, comme la nation, à rien. Telles sont leurs ambitions, leurs pensées, leurs espérances de déprédations.

» Déjà ne poussent-ils pas la démence jusqu'à confisquer en Alsace et en Lorraine les propriétés des Français qui servent la France ! Dans quelle guerre vit-on rien de semblable ? Chez quel peuple ? En quel temps ? A cette infamie, répondez, Alsaciens et Lorrains, en courant là où est le drapeau encore debout. Venez, arrivez par tous les chemins, aidez-nous à vous délivrer !

» Il ne s'agit pas de sauver l'honneur, car dans ce gouffre rien ne serait sauvé ; il s'agit de vaincre, et de vaincre à tout prix.

» Nous le pouvons. Nous avons retrouvé le droit ; l'Allemagne l'a perdu, c'est quelque chose.

» Elle s'étonne de nos jeunes armées de la Loire et du Nord qui n'avaient pas encore vu le feu et qui surpassent les vieux soldats. Ce miracle de la liberté la confond. Bien d'autres prodiges l'attendent.

» Vous chasserez les barbares, ils commencent à se lasser ; la France achève de se lever.

» Il y a à peine quelques semaines, quand j'adressais

mes appels en province, quand je pressais le recrutement des contingents, on me répondait :

« Il est trop tard ! D'ailleurs, les paysans ont réfléchi, et, tout bien considéré, ils ne sont pas favorables au système de centralisation. — Cela est fort beau, disais-je ; mais envoyez à ces philosophes leur feuille de route, ils deviendront des héros. »

» En peu de jours cela s'est fait. Ce que j'ai tant demandé s'est exécuté ; maintenant nos forces augmentent par le recrutement, à mesure que diminuent les forces prussiennes.

» Le pigeon qui le premier a apporté la nouvelle de la formation des armées de secours ne nous a pas trompés. Je sollicite pour lui qu'il soit placé à perpétuité, au haut du mât de la nef, dans les armoiries de Paris.

» Si ma foi dans la France m'a permis de voir clair, veuillez me croire encore lorsque j'affirme que, ayant la victoire morale, vous avez toutes les chances de vaincre matériellement.

» Quoi ! vous espériez quand vous étiez seuls pour vous sauver ? Aujourd'hui que la France se couvre de nos bataillons, qu'ils fourmillent de toutes parts, est-ce le moment de douter ?

» Une chose est vraie pourtant. Rien de pis pour des hommes d'action que de ne pas agir, pour des armées que l'inaction. C'est pendant ces jours stériles que la routine reprend sa puissance. C'est dans ces heures funestes que l'esprit de caserne se substitue au vrai génie de la guerre. L'action dissipera les mauvais songes. Le grand but couvrira les petitesses ; et qui pourrait être assez mort à toute idée de gloire pour ne pas se réveiller en de pareils moments ? Il ne s'agit plus seulement de délivrer la France, il s'agit de faire que l'ennemi n'en sorte pas.

» En avant ! en avant ! Il n'est pas un hameau français où ce cri ne retentisse à cette heure. Il est répété par Chanzy, Bourbaki, Faidherbe, Garibaldi, au Sud, à l'Ouest, au Nord, à Autun, à Nevers, à Vendôme, à Lille. Les masses qui chaque jour sortent de terre prennent Paris pour direction. Les rayons de la roue viennent se rattacher au centre ; l'immense circonférence se resserre autour de nos envahisseurs. Encore un pas, ils sont engloutis sous un déluge d'hommes. Paris crie à son tour : En avant ! c'est le mot d'ordre de la France entière.

» Le froid et le gel ne nous arrêtent pas. C'est après tout la température d'Eylau. Il faisait plus froid à Austerlitz, quand son lac était gelé. Il faisait plus froid en Hollande, quand nous avons pris la flotte enfermée dans les glaces. Nous saurons supporter pour nous délivrer ce que nous avons bravé quand il ne s'agissait que de conquérir.

» Le bombardement, que prouve-t-il ? La nécessité où sont nos ennemis de se hâter pour éviter les désastres qui les menacent.

» Ils ne peuvent attendre davantage, car nos masses grossissent derrière eux. Ils sentent que le temps travaille pour nous. Leur calcul s'est trouvé faux. Ils n'espèrent plus avoir le temps de nous faire mourir de faim.

» Oui, le plateau de la balance penche pour nous. Figurez-vous le moment où les armées allemandes subiront un premier échec, à cette distance du Rhin, prises au milieu de nos neiges ! Comprenez ce qui arrivera le jour où elles feront un premier pas en arrière? Quelle maison , quel seuil, quelle haie, quelle muraille ne s'armera contre eux ?

» Rappelez-vous le mot de leur prince Frédéric-Charles. Il se vérifiera ce jour-là. Le vengeur se trouvera partout, partout, partout !

» EDGAR QUINET.

» Paris, 3 janvier 1871. »

Le second, ce même Louis Blanc, que le général Trochu plaisantait si innocemment le 14 juin dernier, à propos de son képi de garde national, plaisanterie fort déplacée

dans la bouche d'un général français, adressa au grand
proscrit de Hauteville-House une lettre reproduite alors par
les journaux de Paris, et qui fait partie de l'histoire du
siége ; elle reproduit éloquemment nos appréhensions et
nos impatiences ; il y eut quelque chose de touchant dans
les entretiens politiques de ces deux vieillards que le despo-
tisme avait proscrits et que la République avait rappelés au
sein de la Patrie en deuil pour y prononcer des paroles d'espoir et de rénovation. Voici cette lettre :

« A VICTOR HUGO.

> » Mon cher ami,

> » J'ai souvent senti mon esprit se réchauffer à la flamme
du vôtre, et dans les battements de votre cœur, j'ai toujours
reconnu les battements du mien. C'est pourquoi je vous
adresse les remarques que la situation me suggère. Et
je vous les adresse publiquement, parce qu'aujourd'hui,
aujourd'hui surtout, il est commandé à quiconque pense
avoir quelque chose d'utile à dire, de le dire bien haut.

> » Je ne sais si tout le monde a été frappé de cette idée,
cependant très simple, que pour Paris l'héroïsme, qui était
il y a deux mois un noble entraînement, est désormais
devenu, à quelque point de vue qu'on se place, une
nécessité. Un grand effort, soutenu, décisif, voilà ce que
la sagesse, même la plus vulgaire, réclame aussi impé-
rieusement que le courage le plus exalté ; voilà ce qui
répond aux exigences de l'intérêt personnel autant qu'à
celles de l'honneur.

> » Lorsque, après le désastre de Sédan, si horriblement
complété par la capitulation du maréchal Bazaine, la
province, à travers l'obscurité qui nous environne, appa-
raissait troublée, paralysée, livrée au fatalisme du désespoir, et se cherchant pour ainsi dire sans se trouver, on
conçoit que l'idée de la paix ait pu s'associer dans des

âmes sans ressort à celle de Paris dompté. Paris dompté,
c'était, si la province fût restée immobile, la guerre finie.
La France en serait morte, attendu que la honte, qui ne
fait que flétrir les individus, tue les peuples ; mais enfin
ceux-là, — s'il en existe de tels, — auraient eu la paix
en perspective pour qui l'humiliation de la patrie n'est pas
le dernier des malheurs.

» Aujourd'hui, rien de semblable. Le cri : *Aux armes !*
poussé d'un bout du pays à l'autre avec l'irrésistible accent
des époques héroïques ; chaque citadin transformé en
soldat ; le fusil remplaçant la bêche dans la main du
paysan furieux ; le tocsin de la guerre sainte faisant
comme jaillir du sol de cette France, grand « nid de
guerriers, » des armées puissantes par le nombre, par
l'organisation, par les engins de mort, par le patriotisme en
ébullition ; la victoire enfin, ressaisie par des recrues, tout
cela dit assez que, si Paris succombait, sa chute n'amènerait nullement la fin de la guerre. Cessant de combattre
pour dégager Paris, la France continuerait de combattre
pour le relever et le venger.

» Donc, loin de marquer la fin de nos souffrances maté-
rielles, une capitulation en serait l'effroyable couronnement.
Une fois dans nos murs, les Prussiens voudraient-ils,
pourraient-ils nous en laisser sortir ? La défense nationale
aurait trop à y gagner ; l'invasion trop à y perdre. Nous
serions plus étroitement prisonniers que nous ne le sommes.
Ce qui d'un poids étouffant pèserait alors sur notre liberté,
ce serait quelque chose de bien autrement terrible que la
difficulté de percer les lignes prussiennes, ce serait l'inso-
lence prussienne. Au lieu d'avoir autour de nous des
ennemis, nous aurions devant nous des geôliers ; au-
dessus de nous des maîtres

» La barrière inhumaine, odieuse, mais quelquefois fran-
chie, qui aujourd'hui nous sépare des chers absents, serait
devenue absolument infranchissable. Plus de ballons ! Plus

de pigeons ! Plus de lueurs passagères traversant l'ombre affreuse .où nous sommes en ce moment plongés ! Ce serait la nuit, la nuit noire, une nuit de l'enfer !

» Et ce serait la faim aussi ! Qu'on ne parle pas de l'intérêt que les Prussiens auraient à nourrir la capitale condamnée au dégradant supplice de leur devoir son pain : pourraient-ils pourvoir, au moins d'une façon régulière et permanente, à la subsistance de l'énorme population de Paris, ayant à pourvoir à leur propre subsistance, au milieu d'un pays ravagé, et, — dans l'hypothèse de la guerre se continuant, se développant, — traversé au Nord, au Sud, à l'Est, à l'Ouest, par des armées sans cesse en mouvement qui occuperaient les routes et intercepteraient les convois, à moins que la défense nationale ne renonçât à couper les vivres aux dominateurs de Paris, seul moyen de les en chasser, puisque Paris rendu imprenable se trouverait imprenable à leur profit dès qu'ils y seraient ? On frissonne quand on songe aux scènes de délire que deux jours, rien que deux jours de retard dans l'arrivée des vivres, pourraient enfanter, au sein d'une ville de deux millions d'âmes, occupée par l'ennemi, prisonnière et affamée ! Être esclave d'un vainqueur farouche ; être complètement retranché du monde, se traîner dans les ténèbres jusqu'à la mort par l'égorgement ou par la faim, telle est la situation sans exemple que la reddition de Paris menacerait de réaliser dans tout ce qu'elle contient d'effroi et d'angoisses, dans toute son inexprimable horreur.

» A qui dirait : Cela ne sera point, je réponds : En êtes-vous bien sûr ? Et j'ajoute : Il suffit que cela soit possible pour que la nécessité de briser, coûte que coûte, le cercle qui nous étreint soit démontrée non seulement comme affaire d'honneur, mais comme affaire de haute prudence. Non, depuis que la France est debout, depuis que, tirant l'épée, elle en a jeté au loin le fourreau, il n'y a plus pour les habitants de Paris deux dénoûments à mettre en balance : le dénoûment que la sagesse conseille, que la nécessité commande, c'est le dénoûment héroïque.

» Et d'où nous viendrait le droit de trouver chimérique l'espoir du salut par la victoire ? Est-il une intelligence si obscure, est-il un cœur si timide que ne puissent raffermir et convaincre les merveilles opérées depuis deux mois dans Paris ? En quel lieu du monde, à quelle époque vit-on une ville prise au dépourvu, cernée, isolée du reste de la terre, improviser tant de moyens de défense et d'attaque, tirer d'une foule une armée, répondre à l'appel de chaque besoin nouveau par une invention nouvelle, arracher coup sur coup à la nature mille secrets libérateurs, créer par les mains de l'industrie privée des centaines de canons d'une excellence reconnue et d'une portée formidable, obtenir d'une seule usine jusqu'à deux mille obus par jour, mettre tous les éléments à profit pour sa conservation, et devenir du jour au lendemain un vaste champ de manœuvres, une immense fabrique d'armes, une pépinière de soldats ?

« A supposer que nous puissions avoir assez de canons, » me disait, il y a deux mois un personnage considérable, « comment avoir assez d'affûts ? et si nous avions assez d'affûts, comment avoir assez d'attelages ? et si nous avions assez d'attelages, comment avoir assez de canonniers ? » Eh bien, canons, affûts, attelages, canonniers, Paris a tout créé, tout trouvé, tout donné. Et lorsque, pour rentrer en communication avec la France, avec le monde, elle a, cette ville sans égale, une artillerie puissante et cinq cent mille vaillantes mains tenant un fusil, son lot serait d'attendre à l'abri de ses remparts que la famine vînt nous prendre à la gorge !

» A ce compte, nos généraux seraient des personnages parfaitement inutiles. Quel besoin aurions-nous de leur savoir militaire, et de quoi nous servirait même leur génie, si nous devions nous borner, sous leurs ordres, à épier sur le cadran l'heure de la soumission ? Le succès est à notre portée : seulement, pour l'atteindre, la première condition est d'y croire ; pour sauver la patrie, la première condition est de croire à la patrie. Ils n'auraient que faire à la tête des troupes, ceux qui seraient incapables de leur inspirer, faute de la ressentir, cette virile confiance qui est le côté radieux du courage et conduit par la volonté de vaincre au pouvoir de vaincre.

» Qu'il soit donc coupé court, et promptement, — le temps presse ! — à ce système d'inaction qui, pendant que le froid engourdit les corps, tend à engourdir les âmes.

» Deux batailles mémorables ont montré ce que pourrait l'offensive prise avec décision et habilement conduite. Ce n'était pas, j'imagine, pour nous prouver les avantages de l'immobilité sous les armes que le général Ducrot, il y a un mois, se lançait en avant, après avoir, dans une proclamation admirable, poussé un cri vengeur, le cri de l'offensive, et ce n'est pas, que je sache, pour leur donner la glace seule à combattre que le général Trochu a formé les compagnies de guerre !

» N'y a-t-il pas, d'ailleurs, un intérêt suprême à faciliter la marche, à empêcher la destruction possible des armées de secours, en retenant autour de Paris la totalité des forces qui l'assiégent ?

» Je le répète, ce qu'il faut, c'est ceci : croire à la patrie. Voilà seulement, voilà ce qui doit nous sauver. Et de quel éclat souverain ne rayonnera pas notre cher pays ! La grandeur même de ses revers épiques et leur foudroyante succession seront portés au compte de sa gloire ; car vaincre après tant de défaites et en quelque sorte à force de défaites, est-il rien de plus imposant ? Combien elles sont dignes de mépris, des victoires qui, dues à la supériorité du nombre, à la ruse, à la force, ne développent chez le peuple qui les a remportées que l'orgueil, la cruauté, la rapacité des races conquérantes ! Ce qui est digne d'admiration, c'est la défaite noblement subie et vaillamment réparée, parce qu'elle atteste la présence et le triomphe de toutes les vertus qui sont l'honneur de l'espèce humaine : le calme dans le malheur, la persévérance stoïque, la fermeté d'âme, une résolution d'airain, et, avec la volonté de ne jamais fléchir, le pouvoir de ne jamais désespérer. Les véritables marques de l'invincibilité sont là. Or, la gloire n'est pas de vaincre, mais d'être invincible.

» Louis BLANC. »

Voilà quelles furent ces lettres qui, au dire du général Trochu, créèrent au gouverneur de Paris des difficultés d'une nature spéciale. Si l'ex-gouverneur entend par-là que ces manifestations particulières du sentiment général lui rendirent la capitulation plus difficile, nous le croyons comme lui.

J'ai déjà fait la remarque, dans le courant de ce récit, que, durant ce long siége, ce fut l'esprit public qui soutint le moral de l'armée, et la population civile qui encouragea et contraignit l'état-major à la résistance. Ce phénomène est assez rare dans l'histoire des siéges pour être dûment constaté par l'histoire.

Quoi qu'ils puissent penser, les généraux furent de nouveau contraints à faire une sortie en masse. Malheureusement, cette sortie eut lieu trop tard pour sauver l'armée de Chanzy, elle eut lieu alors que des négociations d'armistice étaient clandestinement entamées, et les hommes de la défense lancèrent la garde nationale à l'attaque de positions terribles et firent massacrer quelques milliers de pères de famille dans cette tentative désespérée !

Or, de deux choses l'une : ou bien ils croyaient au succès de la sortie, ou bien ils n'y croyaient pas ; s'ils y croyaient, pourquoi ces négociations avant la bataille ; s'ils n'y croyaient pas, pourquoi risquaient-ils tant d'existences précieuses dans une entreprise impossible ?

J'emprunte au journal le Soir le récit émouvant des péripéties de cette sortie du désespoir, comme l'a nommée le général Trochu :

« L'attaque avait été bien conçue. Tandis que les autres jours nous annoncions naïvement de quel côté nous devions diriger nos efforts, comme pour mieux donner à l'ennemi le temps de se préparer, on avait cette fois pris toutes les précautions commandées par la prudence. Une action était imminente, chacun le devinait, le sentait, mais quel point devions-nous aborder ? Nul n'aurait pu le dire.

» Afin de mieux égarer l'ennemi, le général Trochu avait eu recours à deux précautions très sages. De nombreux bataillons de la garde nationale sédentaire avaient été dirigés sur les bords de la Marne. Ils avaient si bien été remarqués, que les Prussiens dirigèrent de ce côté un assez vif feu d'artillerie, qui ne nous causa heureusement aucun mal.

» Enfin, les ambulances, qui, d'habitude, reçoivent la veille des indications très précises, n'ont cette fois été prévenues que dans la nuit.

» En un mot, rien n'avait été négligé, toutes les précautions commandées par la prudence et l'expérience avaient été prises.

» Malheureusement, le temps était peu propice ; la nuit noire, brumeuse, le terrain glissant se prêtaient peu à une semblable concentration de troupes.

» Notre armée avait été divisée en trois parties commandées : l'aile droite par le général Ducrot, l'aile gauche par le général Vinoy, le centre par le général de Bellemare.

» D'après les ordres du gouverneur, ces trois corps devaient, à la même heure, aborder les positions ennemies qui leur étaient désignées.

» Un fâcheux contre-temps vint, dès le début, tout compromettre.

» Les troupes du général Ducrot n'arrivaient pas, et c'est à elles qu'incombait la plus dure besogne.

» Parties de Saint-Denis, elles devaient rapidement traverser la presqu'île de Gennevilliers. L'ordre fut-il mal compris, la distance avait-elle été mal calculée, n'avait-on pas

fait la part du hasard, de cet aléa terrible qui a perdu tant
de batailles ? Je ne sais. Mais un obstacle imprévu arrêta
nos troupes en route. Une batterie prussienne établie à
Carrière-Saint-Denis, c'est-à-dire à moins de 2,700 mètres,
balayait la route. Notre artillerie de campagne essaya, mais
en vain, de forcer l'ennemi au silence. Les Prussiens, com-
prenant toute l'importance de leur attaque, redoublaient
d'efforts. Que faire ?

» Passer sous cette pluie de boulets et d'obus était chose
périlleuse. On le pouvait sans doute, mais il eût été fou de
le tenter : nos soldats seraient arrivés au combat épuisés,
décimés avant d'avoir brûlé une cartouche.

» Pourtant, il fallait passer ; on entendait déjà le crépitement de la fusillade et le roulement strident des mitrailleuses.

» Sur l'ordre du commandant en chef, une locomotive
blindée, armée de puissantes pièces, fut envoyée sur la voie.
Elle ouvrit un feu si terrible que l'ennemi fut obligé de se
taire.

» Nos troupes purent passer ; mais deux heures avaient
été perdues.

» Deux heures qui devaient influer d'une façon terrible sur
l'issue de la journée.

» A l'heure convenue, au point du jour, le signal fut donné
à nos troupes ; Ducrot n'arrivait pas, il est vrai ; mais le
retard pouvait ne pas être long.

» D'ailleurs, le temps pressait ; il fallait agir à tout prix.

» Le général Vinoy suivit la voie parallèle à la Seine,
laissant à sa droite la Briqueterie. Les zouaves et le 136e de
ligne, soutenus par de nombreux bataillons de marche de la
garde nationale, formaient la première colonne d'assaut.

» Rapidement les hauteurs de Montretout furent enlevées.
On se battait avec acharnement. Les Prussiens, surpris à
l'improviste, se défendaient vigoureusement, mais s'ils avaient
l'avantage de la position, nous avions l'avantage du nombre :
il leur fallut céder.

» Ce premier résultat n'avait pas été obtenu sans peine ;
nos troupes avaient souffert du feu ennemi, et plusieurs de
nos officiers étaient tombés en héros.

» Les hauteurs conquises, nos soldats, sans prendre un
moment de repos, se jetèrent sur Saint-Cloud. La ville fut
fouillée en tous sens. Cette fois, on ne négligea pas de chasser l'ennemi des caves.

» Un épais rideau de tirailleurs faisait le coup de feu avec
les Prussiens qui occupaient les bois.

» Si la victoire avait été chèrement payée, en revanche
elle était complète. Onze pièces de canon étaient en notre
pouvoir ; le général de Belfort en informait le général Trochu, et un troupeau de bœufs assez considérable passait des
mains de l'ennemi dans les nôtres.

» Pendant que l'aile gauche (général Vinoy) s'emparait
de Montretout, le centre, commandé par le général de Bellemare, descendait les pentes du Mont-Valérien et abordait
les positions de l'ennemi. Cette ligne s'étendait depuis la
porte de Longboyau jusqu'à la porte Jaune.

» Le premier obstacle que l'on rencontra fut la ferme de
la Fouilleuse, située entre Garches et notre forteresse. Deux
fois nos troupes se lancèrent contre cet obstacle, deux fois
elles durent reculer. Plusieurs bataillons de la garde nationale arrivaient. Un même cri sortit de toutes les poitrines :

» — A la baïonnette !

» Et ces soldats-citoyens se ruèrent sur l'ennemi. Un terrible feu de mousqueterie les accueillit, mais l'élan était
donné ; la furie française devait triompher des obstacles ;
l'ennemi balayé s'enfuit en toute hâte.

» A la droite, le général de Bellemare rencontrait une
terrible résistance. Mais nos soldats, enlevés par la garde
nationale, surmontaient un à un tous les obstacles. Le château de Buzenval et le parc étaient enlevés et fouillés dans
tous les sens. Le bois de Beranger, la fontaine des Vidar-
mains, le bois des Quatre-Vents, toutes ces positions étaient
à nous.

» L'ennemi combattait avec acharnement, mais partout il perdait du terrain.

» Depuis longtemps déjà, les troupes du général Ducrot étaient entrées en ligne. Elles avaient rapidement balayé la droite, et occupaient la Malmaison.

» Pendant que nos soldats crient : « A Versailles ! » le mouvement important s'opère. De la gauche et de la droite, nos colonnes se rabattent vers le centre ; on dirait un éventail qui se ferme. Toutes nos forces convergent vers un point unique, *la Bergerie*.

» La Bergerie en notre pouvoir, la trouée est non seulement possible, mais presque facile, car Versailles peut être tourné.

» Le premier mouvement de concentration s'opère rapidement ; il est environ deux heures. L'aile droite attaque la Jonchère et Longboyau ; l'aile gauche se jette sur Garches. Malheureusement, les Prussiens ont eu, depuis sept heures du matin, le temps de faire venir des renforts considérables.

» Eux aussi, ils ont bien vu où était le nœud de l'action : ils ont laissé massacrer leurs troupes aux points extrêmes, et ils ont massé tous leurs renforts au point central. Le corps de Bellemarre attaque la Bergerie, mais il trouve là une résistance invincible. Une formidable artillerie, rangée sur le plateau, foudroie nos soldats. Les renforts qui doivent arriver de la droite (Ducrot) et de la gauche (Vinoy) n'arrivent pas. Eux aussi sont arrêtés par l'artillerie.

» Jusqu'à quatre heures environ dure ce duel formidable ; plus de cinq cents bouches à feu sont en présence ; enfin, vers la nuit, il devient évident que l'on ne peut triompher de cette résistance. Nos troupes reculent pas à pas, le Mont-Valérien tonne, et la plaine jusqu'alors si tranquille devient le théâtre d'un dernier combat.

» Il faut le dire sans réticence, crûment , nous avons encore une fois échou. »

La Famine. — Capitulation. — Entrée
des Prussiens dans Paris.

I.

Le lendemain de cette mémorable et suprême tentative,
nous vîmes les bataillons de la garde nationale rentrer dans
Paris en suivant l'avenue des Champs-Elysées. Les hommes
semblaient fatigués, mais non découragés ; ils paraissaient
même espérer de reprendre bientôt la lutte.

Pourtant une tristesse morne enveloppait leur retour. Un
brouillard intense flottait sur la grande ville ; ces bataillons
couverts de boue qui défilaient dans la brume, l'aspect sor-
dide et misérable de la population hâve et amaigrie qui les
regardait passer, le froid qui crispait les visages, la faim qui
les creusait, l'angoisse de l'attente dans les regards, et, dominant tout Paris, la voix triomphante du canon prussien, le
bombardement, qui étendait son aile sombre sur nos
demeures inoffensives, donnaient à cette journée un cachet
indélébile de deuil et de désespoir.

La dépêche suivante du général Trochu, en faisant
craindre des pertes considérables, jeta l'effroi dans la ville :

« Il faut à présent parlementer d'urgence à Sèvres pour
un armistice de deux jours, qui permettra l'enlèvement des
blessés et l'enterrement des morts.

» Il faudra pour cela du temps, des efforts, des voitures
très solidement attelées et beaucoup de brancardiers. Ne
perdez pas de temps pour agir dans ce sens. »

Il faut avouer que le gouverneur de Paris ne pouvait
mieux choisir les termes de sa dépêche pour démoraliser la
population civile de la ville assiégée. Elle frappait en plein
cœur cette foule anxieuse de femmes et d'enfants qui atten-

10e livraison.

dait près de l'Arc-de-Triomphe le retour des pères et des époux qui venaient de combattre le dernier combat !

Le lendemain, nous apprîmes que Chanzy, battu par Frédéric-Charles, avait été rejeté derrière la Mayenne, laissant 10,000 hommes et 12 canons aux mains de l'ennemi.

Une seule bataille avait mis vingt lieues de plus entre nous et la France !

Le même jour, au matin, le bombardement de Saint-Denis éclata avec une fureur croissante et provoqua plusieurs incendies.

Le pain, devenu détestable, avait été rationné à 300 grammes par personne, et 130 grammes par enfant au-dessous de 5 ans ; et ce pain, couleur de terre, mêlé d'une quantité considérable de brins de paille, pas même hachée, détestable au goût et souvent infect, ce pain, dont le mendiant lui-même osait à peine repaître son estomac affamé, devint la source unique de nos espérances et la base essentielle des repas du riche. Parfois il manquait aux boulangeries, et les rations demeuraient incomplètes ! La viande faisait défaut ; on essayait de tout, on mangeait de tout. La table de famille devenait le rendez-vous des viandes les plus inattendues : tous les animaux de la création y passaient depuis le rat d'égout jusqu'au chat de gouttière, depuis le singe jusqu'à l'hippopotame.

Alors arrive le moment vraiment critique et douloureux du siége.

Dès avant l'aube, les mères de famille attendent à la porte des boulangeries et des boucheries. On distingue le long des rues sombres, sur les trottoirs couverts de glace, de longues files de femmes silencieuses. Qu'attendent-elles ainsi, durant les heures froides qui précèdent le crépuscule, sous la neige qui s'engouffre par tourbillons entre les maisons muettes et fermées ? Plusieurs, hélas ! ont dans les bras un petit enfant ! Le pauvre être pleure de faim et de froid,

et sa voix grêle est le seul murmure qui s'élève des foules
souffrantes ; parfois la coqueluche rauque donne à sa plainte
un air de râle,.... et la mère est là depuis deux heures, pieds
nus dans de méchants souliers troués où la glace entre ;
parfois elle entr'ouvre son manteau et offre au nourrisson le
lait qu'enfièvre l'angoisse et que la faim tarit chaque jour
davantage. Et pendant qu'elle donne à boire au petit, le
givre pénètre dans son manteau et tombe sur son sein nu !

Plusieurs femmes infortunées, que le rationnement contraint à faire subir ce froid mortel au nourrisson, ne rap-
portent au logis qu'un enfant mort. Des milliers de malheureuses mères contractent à ces stations inhumaines de
mortelles et incurables maladies !

Les chevaux se font rares dans les rues ; les écuries de
luxe sont vides.

Un jour, je vis à la porte d'un hôtel splendide un merveilleux attelage qui partait pour l'abattoir. Une jeune
femme, debout sous la marquise de la porte principale, le
regardait partir. Quand il eut tourné le coin de la rue,
elle essuya ses yeux rougis avec son mouchoir de dentelle,
et je l'entendis qui disait à demi-voix, en remontant les
marches de son perron : « Enfin..., pourvu que l'on ne capi-
tule pas... à présent ! »

Un autre jour, dans la cour de l'Hôtel des Postes, je vis
un cocher qui pleurait. Auprès de lui, un grand cheval gris,
maigre, efflanqué, mangeait tranquillement sa dernière
botte de foin : « Mange, mon pauvre vieux, disait l'homme,
au moins tu ne t'en iras pas le ventre creux. »

Ainsi, petits ou grands, chacun de nous eut ses privations
et ses brisements de cœur.

Souvent, malgré tout, malgré les espérances patriotiques
envolées, les illusions généreuses détruites, les douleurs
amoncelées dans les âmes, le rire gaulois, l'insouciance
parisienne ouvrait l'aile.

Dans les quartiers bombardés, quand un bon bourgeois

passait, bien content de lui, chapeau à larges bords, à
forme monumentale, souliers vernis, chaîne d'or sur le
ventre et parapluie sous le bras, une voix nasillarde partait
d'un coin de rue : Gare l'obus ! disait la voix. Soudain le
Monsieur, le chapeau, le parapluie s'abattaient de concert
dans la boue du trottoir, et les petites grisettes qui passaient, relevant prestement leurs jupes agaçantes, écla-
taient de rire à l'aspect de ce plongeon bizarre, tandis que
dans l'angle d'une porte cochère un Gavroche se tordait de
gaîté folle.

Ainsi la bonne humeur parisienne bravait toutes les
misères. Le moment psychologique ne venait pas, la population ne se troublait guère, et la perspective de la mort
était accueillie avec une indifférence étonnante.

Ce qui passionnait la foule, c'était le désir de sauver
Bourbaki d'un désastre sans doute imminent ; ce qui soule-
vait les critiques, c'était la mollesse de la direction militaire,
et l'incurie administrative qui faisait tant de victimes, et
nous réduisait, après les plus formelles et les plus récentes
affirmations, à subir un rationnement imprévu et hors de
proportion avec les besoins physiques de la population. Les
mauvaises passions, les ambitions personnelles s'emparèrent
encore de ces mécontentements sourds. Une nouvelle manifestation armée ensanglanta la place de cet Hôtel-de-Ville
qui vient d'avoir une fin si tragique, le front dans le feu de
l'incendie révolutionnaire et les pieds dans le sang de la
guerre civile !

Ce jour-là, nous entendîmes la fusillade, sur cette place
de sinistre mémoire : un bataillon de garde nationale, le
101e de marche, déboucha de la rue de Rivoli et se répandit
par groupes parallèles à la façade. Une foule assez considérable s'était massée derrière eux. Seuls, les officiers des
mobiles du Finistère et le commandant de l'Hôtel-de-Ville
se promenaient sur le trottoir, entre la grille et la façade.
Tout-à-coup, les groupes de gardes nationaux mettent le

genou en terre et font feu sur trois ou quatre officiers, sans les atteindre. Le colonel Vabre, qui se trouve devant la porte du Gouvernement, les interpelle avec indignation. Un individu en bourgeois étend le bras vers lui. Les fusils s'abaissent de nouveau. Un des officiers tombe grièvement blessé. A ce moment, les gardes mobiles font feu à leur tour. Une trentaine de curieux jonchent la place.

La fusillade continue pendant une demi-heure. Les émeutiers se logent dans les maisons qui font face à l'Hôtel-de-Ville et criblent de balles les fenêtres du palais municipal. Enfin l'arrivée de la garde républicaine met en fuite les insurgés. Les rues qui avoisinent l'Hôtel-de-Ville sont occupées par les troupes.

Quelques jours plus tard, nous apprenions que Faidherbe avait subi une défaite à Saint-Quentin, et que Bourbaki, après avoir vainement tenté de faire lever le siège de Belfort, avait battu en retraite et se trouvait acculé à la frontière suisse.

Ainsi, toutes nos armées de secours étaient mises hors d'état de reprendre l'offensive, séparées en tronçons qui cherchaient en vain à se rejoindre, ou désorganisées et poussées dans le plus effroyable désordre, loin de nos remparts battus en brèche et de notre ville que la famine, l'épidémie, le froid, décimaient, et qui ne pouvait plus désormais espérer de délivrance.

Pour la première fois, le mot de capitulation fut prononcé. La nécessité semblait devoir imposer cette dure contrainte.

L'aspect de la ville s'assombrit encore. Un nuage de deuil couvrit Paris. On ne rencontrait plus dans les rues que des groupes silencieux de visages mornes. Parfois les mains émues se serraient... « Il faut tenter un dernier effort, jouer notre va-tout, » disaient quelques voix émues. Hélas ! tout espoir de salut avait disparu ; la famine étendait sur nous son bras de squelette. Fallait-il donc con-

damner à l'agonie de la faim deux millions de femmes et
d'enfants ?

II.

Le soir du 26 janvier, Monsieur Jules Favre revint de Versailles, où il était allé traiter de la capitulation.

Dans la nuit, le canon se tut. Un silence de mort enve-
loppa l'immense cité. C'était la fin de la résistance !

Le jour suivant, nous vîmes se presser à toutes les portes
des foules hâves de soldats désarmés. C'était notre armée
qui rentrait. On commença dès lors à procéder au désarme-
ment des remparts. Les marins arrachaient en pleurant
leurs glorieux canons aux embrasures qu'ils occupaient
depuis de longs mois.

La population resta calme et digne. Seulement on entourait les groupes de soldats qui rentraient la tête basse,
tristement enveloppés dans leurs capotes bleues.

Les rues en étaient pleines !

Ce fut un deuil terrible, un spectacle funèbre et désolé.
Quelle humiliation pour nous ! quelle honte pour la France !
Puisse-t-elle dominer le souvenir des enfants et leur inspirer le désir de devenir hommes pour venger leurs pères
humiliés ! Que la génération qui va nous suivre, plus heureuse ou plus virile, ou mieux commandée, oublie les joies
de la vie pour ne songer qu'à la revanche nécessaire.

L'une des scènes les plus navrantes de ce dernier acte fut
la reddition des forts.

Au fort d'Issy, après l'évacuation complète de la troupe,
un capitaine d'état-major, accompagné d'un lieutenant et
d'une estafette à cheval, arriva à une heure et attendit dans
les appartements du gouverneur la venue des commissaires
prussiens.

A une heure et demie, un major saxon et son aide-de-
camp, suivis d'une petite escorte à cheval, parurent à l'ex-

trémité du fort qui regarde les hauteurs de Sèvres. L'escorte se rangea sur les glacis. Les deux officiers mirent pied à terre et franchirent le pont-levis.

Le capitaine d'état-major et le lieutenant descendirent à leur rencontre. Le major saxon exhiba le pouvoir en vertu duquel il devait prendre possession du fort ; le capitaine français montra la lettre qui le chargeait de le livrer au nom de la place. Après avoir échangé les saluts d'usage, Français et Allemands entrèrent dans l'intérieur de la forteresse.

A deux heures et quart tout était terminé, le procès-verbal était signé. Les officiers français se retirèrent alors sur le glacis situé du côté d'Issy ; l'aide-de-camp du major prussien s'élança bride abattue sur la route de Versailles.

Aussitôt on vit s'avancer, sur le viaduc du chemin de fer de la rive gauche, une masse noire, serrée, compacte : c'étaient les Allemands.

L'entrée des deux régiments chargés d'occuper Issy et le périmètre correspondant, jusqu'à cent mètres des fortifications, eut lieu vers trois heures. Elle s'effectua sans bruit : pas de musique, les tambours étaient au repos, les hommes avaient le fusil en bandoulière, la baïonnette au fourreau ; les drapeaux étaient serrés autour de la hampe.

A peine les forts avaient-ils été remis officiellement, que le service d'avant-postes, de grand'-gardes, de patrouilles fut instantanément organisé.

Vingt minutes après, les derniers postes se promenaient, fusil chargé sur l'épaule, à cent mètres des fortifications, et l'on pouvait voir des officiers à pied et à cheval reconnaître le terrain, un plan topographique à la main.

Sur beaucoup de points, l'évacuation française eut lieu sans ordre ; des armes, des munitions, des vivres en quantités considérables y furent abandonnés aux mains de l'ennemi.

L'intendance n'avait rien prévu.

La désolation de l'armée, la rage des soldats était à son comble. Jamais nos marins n'oublieront ce moment néfaste.

Il y eut pour eux un instant de désespoir terrible : plusieurs
se précipitaient sur les canons à peine refroidis, sur les
ruines invaincues de ces nobles bastions qui avaient résisté
durant tant de semaines glorieuses à la tourmente de fer
et de feu, et que la faim contraignait d'ouvrir à l'ennemi leurs
remparts encore solides et leurs canons encore chauds !

Le capitaine de frégate Larret de Lamalgini (puissent nos
enfants apprendre à vénérer ce nom-là !) se fit sauter la
cervelle pour ne pas voir son fort occupé par les ennemis.

Dans l'armée, bien des résolutions désespérées faillirent
être prises par des officiers généraux qui savaient que leurs
troupes les suivraient jusqu'au terme de leur généreuse
folie. Mais le désir de sauver Paris finit par l'emporter.

« Si nous nous faisons tuer, dit l'un de ces officiers généraux, deux cent mille Parisiens, d'ici à huit jours, seront
morts de faim. Avant d'être soldats, soyez Français, c'est là
qu'est le vrai courage. »

Et comme un léger murmure accueillait ses paroles :

« Messieurs, continua-t-il, en tirant de sa poche un revolver et le déposant sur la table, je vous adjure de suivre mon
conseil, et, pour vous prouver que ce n'est pas la crainte
de la mort qui me l'inspire, je vais..... »

En parlant, il approcha soudain l'arme de son front. Alors
un des généraux se jeta sur lui et le désarma, puis, l'em-
brassant avec effusion, lui dit :

« Au nom de nous tous, merci ! Vous nous avez montré
où est le devoir, si triste qu'il soit. »

Je reproduis ici la proclamation dans laquelle le gouvernement nous annonçait la nécessité d'un armistice :

    « Citoyens,

» La convention qui met fin à la résistance de Paris n'est
pas encore signée, mais ce n'est qu'un retard de quelques
heures.

» Les bases en demeurent fixées telles que nous les avons
annoncées hier.

» *L'ennemi n'entrera pas dans l'enceinte de Paris ;*

» La garde nationale conservera son organisation et ses armes ;

» Une division de douze mille hommes demeure intacte ; quant aux autres troupes, elles resteront dans Paris, au milieu de nous, au lieu d'être, comme on l'avait d'abord proposé, cantonnées dans la banlieue. Les officiers garderont leur épée.

» Nous publierons les articles de la convention aussitôt que les signatures auront été échangées, et nous ferons en même temps connaître l'état exact de nos subsistances.

» Paris veut être sûr que la résistance a duré jusqu'aux dernières limites du possible. Les chiffres que nous donnerons en seront la preuve irréfragable, et nous mettrons qui que ce soit au défi de les contester.

» ... Nous montrerons qu'il nous reste tout juste assez de pain pour attendre le ravitaillement, et que nous ne pouvions prolonger la lutte sans condamner à une mort certaine deux millions d'hommes, de femmes et d'enfants.

» Le siége de Paris a duré quatre mois et douze jours ; le bombardement un mois entier. Depuis le 15 janvier, la ration de pain est réduite à 300 grammes ; la ration de viande de cheval, depuis le 15 décembre, n'est plus que de 30 grammes. La mortalité a plus que triplé. Au milieu de tant de désastres, il n'y a pas eu un seul jour de découragement.

» L'ennemi est le premier à rendre hommage à l'énergie morale et au courage dont la population parisienne tout entière vient de donner l'exemple. Paris a beaucoup souffert ; mais la République profitera de ses longues souffrances, si noblement supportées. Nous sortons de la lutte qui finit, retrempés pour la lutte à venir. Nous en sortons avec tout notre honneur, avec toutes nos espérances, malgré les douleurs de l'heure présente ; plus que jamais nous avons foi dans les destinées de la patrie. »

III.

Ainsi, aux termes de la proclamation officielle, l'armée prussienne ne devait pas entrer dans Paris. En vertu de cette déclaration formelle, trente mille Allemands firent leur entrée le 1er mars suivant, dans la capitale du monde civilisé. C'est ainsi que toutes les déclarations du Gouvernement de la Défense sont démenties par les faits.

La veille de ce jour, je passais sur la place de la Bastille ; je vis plusieurs bataillons de gardes nationaux défiler silencieux et tristes devant la colonne de Juillet. Ils apportaient tous des couronnes d'immortelles que chaque bataillon déposait au pied du monument, avec un recueillement religieux.

Une foule nombreuse environnait le bloc de bronze ; le deuil de la Patrie et de la République était sur les visages ; on sentait vivement que désormais l'existence de l'une était inévitablement liée à celle de l'autre. Les monarchies et les monarchistes avaient fait leurs preuves : c'étaient eux qui avaient déclaré cette guerre néfaste qu'ils étaient incapables de soutenir ; eux qui avaient systématiquement démoralisé le peuple, pour le rendre plus souple aux volontés d'un maître ; eux qui avaient désarmé la France, par crainte des justices populaires ; eux enfin qui avaient légué à la République un héritage de ruines, de désastres, de malheurs, de crimes, dont le fardeau devait accabler cette grande calomniée, et dont ils osent maintenant la rendre responsable !

Cette manifestation était toute pacifique ; mais on pouvait craindre qu'elle ne dégénérât en aggression contre les troupes allemandes qui devaient pénétrer le lendemain dans l'enceinte de Paris. Déjà, sur l'avis que leur entrée devait avoir lieu dans la nuit, cent mille hommes armés s'étaient portés au-devant d'elles. Que fût-il advenu de Paris, si ce conflit fatal se fût engagé ?

Peut-être les Allemands entrés dans notre enceinte y eussent trouvé leur tombeau ; mais la plus grande partie de leur innombrable armée occupait tous nos forts et pouvait couvrir Paris de ruines en peu de jours.

La presse la plus avancée comprit la loi de la nécessité et conseilla le calme.

Le 1er mars, jour de l'entrée des Prussiens dans nos murs, la grande cité présenta un aspect inaccoutumé. Toutes les maisons demeurèrent fermées. La population fut calme et digne. Des drapeaux noirs flottaient çà et là. Autour des Prussiens, le vide se fit. Un silence de mort emplit les quartiers occupés. Les voitures ne circulaient plus, les passants étaient rares et détournaient la tête à l'aspect des soldats de l'invasion. Leurs cantonnements furent entourés d'un cercle de sentinelles françaises ; nos fiers vainqueurs furent parqués dans la partie de la ville la moins habitée, pour éviter toute cause de rencontre.

Ils occupaient les Champs-Elysées, depuis le faubourg Saint-Honoré jusqu'à la Seine, et depuis les fortifications jusqu'à la place de la Concorde. Dans l'après-midi, des détachements de Prussiens sans armes furent admis à visiter le Louvre et les Tuileries. Pas un soldat ennemi ne pénétra dans le cœur de la ville. On dit que Guillaume s'aventura en fiacre jusqu'à l'Arc-de-Triomphe. De là il contempla cet Océan houleux de toits grisâtres qui s'étend jusqu'aux dernières limites de l'horizon, il écouta de loin le murmure immense de cette noble ville, et n'osa s'aventurer au-delà de cet arc grandiose dont l'envergure titanesque abrita un instant sa royale personne.

Telle fut l'entrée triomphale du roi Guillaume et de ses troupes.

Ici finit l'histoire de ce siége épique.

Je crois que cette guerre peut servir à démontrer deux choses : l'inanité des monarchies et l'impuissance des armées permanentes contre les nations armées. Quant aux premières, leur temps est passé et ne saurait revenir qu'au prix de convulsions sanglantes qui pourraient amener la fin du monde social actuel. Si l'esprit de parti ne cède le pas à l'amour du pays, si les ambitions personnelles et les appétits royaux trouvent encore des complices dans la nation, il faut désespérer de l'avenir et de la résurrection ; la leçon que nous avons reçue a été assez rude pour nous ouvrir les yeux, et quand on songe que la seule famille des Bonaparte a coûté à la France trois millions d'hommes, les conquêtes de la première République, l'Alsace, la Lorraine, et plus de vingt milliards, on a le droit d'être à jamais dégoûté des familles régnantes. Aussi les vrais Français ne peuvent-ils voir sans une profonde indignation les courtisans de l'avenir comploter en secret l'asservissement du peuple et le renversement de la République. Ils voudraient que tous les grands mots et tous les petits systèmes fissent place au radieux symbole du républicain, à cette forme inaltérable de la justice future, à cette puissance invincible qui a nom Progrès, et qui se refuse à marcher sous de royales enseignes.

Quant aux armées permanentes, nous avons l'espoir que leur constitution bâtarde a pleinement montré son impuissance contre l'ennemi du dehors ; il faut donc rejeter ces instruments dangereux seulement pour ceux qui les paient.

La France n'a plus qu'un moyen de sauver ce qui lui reste : éviter les révolutions en s'armant tout entière. Nobles, bourgeois, ouvriers, paysans, tous aux fusils ! Les partisans de l'ancien régime disent que la nation armée, c'est la guerre civile en permanence ; que notre vieux système militaire offre seul des garanties contre l'émeute. Ont-ils donc oublié déjà ce qui s'est passé au 18 mars ? Ignorent-ils que ce qui s'est présenté une fois pourrait se présenter de nouveau et plus complètement encore. Qui leur dit que dans quelques années les doctrines socialistes n'auront pas pénétré dans les rangs de l'armée, et qu'un jour ne viendra pas où le soldat tel que le fait le remplacement militaire, c'est-à-dire le fils du pauvre, songera qu'en marchant contre le peuple, il marche contre son père, et deviendra l'allié de la révolution. Qui donc alors les défendra contre la subversion complète et violente des rôles et des abus ?

Imprudents, ils auront déclaré la guerre à l'égalité, à la liberté, à la justice, et se seront eux-mêmes désarmés, et alors toutes ces forces sublimes tourneront contre eux ; ils seront brisés fatalement et emportés dans la tourmente finale ; les ruines de leurs dynasties se mêleront aux ruines des palais qu'elles habitèrent, et c'est alors que l'on pourra dire en parlant du peuple :

Confregit in die iræ suæ reyes !

TABLE.

www.ingramcontent.com/pod-product-compliance
Lightning Source LLC
Chambersburg PA
CBHW060804110426
42739CB00032BA/2611